Wirtschaft! Wunder!
Krupp in der Fotografie 1949 - 1967

Manuela Fellner-Feldhaus
Ute Kleinmann
Ralf Stremmel

Herausgegeben von der Alfried Krupp
von Bohlen und Halbach-Stiftung

KLARTEXT

Informationsstand Hannover Messe
1962

Inhalt

Ursula Gather	5	Vorwort
Ralf Stremmel	7	Rückwärtsdynamik. Krupp im Wirtschaftswunder
Sigrid Schneider	15	Krupp, das Ruhrgebiet und die Bilder
Manuela Fellner-Feldhaus	21	»Bilderdienst«. Fotografien von und über Krupp
Klaus Pollmeier	29	Fotografie im Aufschwung. Neue technische Möglichkeiten
Uwe Niggemeier	35	Als Fremder im Werk. Anmerkungen eines Industriefotografen
	41	Erich Lessing bei Krupp. Interview mit dem Magnum-Fotografen
Fotografien 1949 - 1967	46	Zerstörung und Wiederaufbau
	70	Fotojournalisten im Werk
	76	Neues Sehen
	82	Menschen am Arbeitsplatz
	88	Fotografen
	92	Abbildungsverzeichnis
	96	Autoren, Impressum

Vorwort

Das Wirtschaftswunder der Nachkriegszeit war nicht frei von Widersprüchen. Einerseits Wachstum und steigender Wohlstand, andererseits Kriegsschäden und Schweigen über die Verstrickungen so vieler Deutscher in den Nationalsozialismus. In diesem Spannungsverhältnis stand auch die Firma Krupp. Dass ihr überhaupt ein »Comeback« gelang, wie das amerikanische Magazin Fortune schrieb, sorgte für Aufmerksamkeit und verstärkte die Nachfrage nach neuen Bildern dieses alten Unternehmens.

In den 1950er- und 1960er-Jahren fotografierten nicht nur die angestellten Werksfotografen in den Krupp-Betrieben, sondern auch externe Reportagefotografen, darunter Rene Burri, Fritz Henle, Robert Lebeck, Erich Lessing oder Albert Renger-Patzsch. Sie prägten eine neue Bildsprache und zählen heute international zu den großen Fotografen ihrer Zeit.

Der vorliegende Katalog erscheint aus Anlass einer Ausstellung in der Villa Hügel in Essen: »Wirtschaft! Wunder! Krupp in der Fotografie 1949–1967«. Die Alfried Krupp von Bohlen und Halbach-Stiftung setzt damit ihr Bestreben fort, Fotografien als zentrales Element der modernen Welt und als wichtige historische Quelle in den Blick zu nehmen. Galt die Aufmerksamkeit bislang stark dem 19. Jahrhundert, richtet sich der Fokus nun auf die Nachkriegszeit.

Erneut ist es der reiche eigene Bestand im Historischen Archiv Krupp, auf den zurückgegriffen wird. Viele der Fotografien sind erstmals zu sehen. Sie lassen Dynamik und Aufbruchstimmung der Wirtschaftswunderjahre lebendig werden. Die Stiftung freut sich, mit der Ausstellung und dem Begleitband ein weiteres Fenster Kruppscher und zugleich deutscher Geschichte zu öffnen.

Ursula Gather
Vorsitzende des Kuratoriums
der Alfried Krupp von Bohlen und Halbach-Stiftung

Rückwärtsdynamik.
Krupp im Wirtschaftswunder

Ralf Stremmel

1
Bundeswirtschafts-
minister Ludwig
Erhard und Berthold
Beitz, April 1961

Ludwig Erhard wollte ihn nicht gelten lassen, den Begriff des deutschen Wunders. Was sich in der Bundesrepublik seit der Währungsreform ereignet habe, sei »alles andere als ein Wunder« gewesen.[1] Wie kaum ein anderer stand der Zigarre rauchende, wohlbeleibte Wirtschaftsminister zwar selbst für jenen Boom, den die Menschen zwischen 1950 und 1966 erlebten und nur mit der Kategorie eines »Wirtschaftswunders« begreifen konnten. Doch als nüchterner Nationalökonom war Erhard der Überzeugung, dieses scheinbare Wunder sei rational zu erklären. Mittlerweile unterstreichen gründliche historische Studien diese Einschätzung. Trotz der Kriegszerstörungen und der anschließenden Besetzung Deutschlands waren die Produktionskapazitäten vielfach noch intakt oder schnell wiederherstellbar. Etliche Industriezweige verfügten über moderne Technologie. Hervorragend ausgebildete, hoch motivierte Arbeitskräfte standen bereit. Und die fest verwurzelten Traditionen korporativen Handelns ebneten den Weg zur sozialen Marktwirtschaft.

Nicht zuletzt orientierte sich die Weltwirtschaft neu und wandte sich vom Protektionismus ab. Internationale Organisationen, besonders die Montanunion und später die Europäische Wirtschaftsgemeinschaft, sowie globale Handelsabkommen öffneten den deutschen Unternehmen Exportmärkte. Die Firmen nutzten diese Chancen, und die Ausfuhr trieb das Wachstum der deutschen Wirtschaft mächtig voran. Das Bruttosozialprodukt wuchs ab 1950 so schnell wie nie zuvor und nie danach in der deutschen Geschichte. In nur fünfzehn Jahren verdoppelten sich die Realeinkommen pro Kopf. Bereits 1958 war Vollbeschäftigung erreicht.[2]

Die Firma Fried. Krupp nahm an diesem Aufschwung teil, obwohl die Ausgangsbedingungen ungleich schwieriger waren als anderswo. Deshalb traf das Wort vom Wirtschaftswunder in diesem Fall eher zu. Wer im Herbst 1945 auf Krupp schaute, musste sofort zu der Überzeugung gelangen, nur ein Wunder könne dieses Unternehmen noch retten. Der Inhaber und seine Direktoren von den Amerikanern verhaftet, der Ruf durch das Verhalten im Nationalsozialismus erschüttert, die Werke in Essen, Kiel und Magdeburg sowie die Zechen in Bochum weitgehend zerstört, die gesamte Firma von der Militärregierung beschlagnahmt. Im November 1945 teilte der englische Controller Douglas Fowles mit, der »Krupp-Konzern werde aufgelöst«; Firma und Essener Werk würden »zu bestehen aufhören«.[3] Tatsächlich liefen die Demontagen bis 1951. Die Zerstörungen durch die Luftangriffe im Weltkrieg hinzugerechnet, waren schließlich 70 % des Kruppschen Industriebesitzes vernichtet.[4] Und doch regte sich punktuell wieder Leben, vor allem im Lokomotiv- und Fahrzeugbau, in der Widia-Fabrik mit ihren Produkten aus Hartmetall und im Hüttenwerk Rheinhausen.

»Aufbau im Chaos« überschrieb eine Firmenbroschüre diese Zeit.[5] Erst das Jahr 1953 brachte einen Wendepunkt, einen Neustart. In dem so genannten Mehlemer Abkommen einigte sich Alfried Krupp von Bohlen und Halbach, zwei Jahre zuvor aus amerikanischer Haft entlassen, mit den alliierten Siegermächten Frankreich, Großbritannien und USA über die Entflechtung, also Aufspaltung, der Firma Krupp und über Zahlungen an seine Geschwister bzw. deren Nachkommen. Im Gegenzug konnte das geschrumpfte Unternehmen weitergeführt werden, und Alfried Krupp trat als Alleineigentümer wieder an dessen Spitze. Im November 1953 holte er Berthold Beitz, damals Generaldirektor der Iduna-Germania-Versicherung in Hamburg, als seinen Generalbevollmächtigten nach Essen. Der dynamische 40-Jährige setzte sich gegen heftige Widerstände an der Ruhr durch und verschaffte der Firma neue Perspektiven. Als smarter Manager neuen Typs wurde er bald zum Gesicht des Unternehmens nach außen, national wie international.

Die Beschäftigtenzahlen kletterten kontinuierlich: von gut 70.000 Ende des Jahres 1950 auf mehr als 112.000 fünfzehn Jahre später.[6] Die stürmische Entwicklung, die mit dem deutschen Boom einherging, machte Krupp 1958 sogar kurzzeitig noch einmal zum umsatzstärksten deutschen Unternehmen, vor Siemens und Mannesmann.[7] Krupp war wieder wer, war wieder die Nr. 1 der deutschen Wirtschaft. Besuche ausländischer Staatsoberhäupter bestätigten die neue alte Rolle der Firma als Aushängeschild der deutschen Wirtschaft und verschafften ihr zusätzlichen Glanz. 1954 kam der äthiopische Kaiser Haile Selassie, zwei Jahre danach reiste das griechische Königspaar Paul und Friederike nach Essen und 1960, ein Höhepunkt, besuchten der junge thailändische Herrscher Bhumibol und seine viel bewunderte, schöne Gattin Sirikit das Unternehmen.

Auch rein ökonomisch blickte Krupp über die Grenzen. Man stellte auf Messen in ganz Europa, Afrika, Amerika und Asien aus. Berthold Beitz redete 1957 in San Francisco auf einer »Internationalen Konferenz für industrielle Entwicklung«, und die Firma investierte im Ausland. In Brasilien, genauer in Campo Limpo, warf ein neu gebautes Schmiedewerk Jahr für Jahr Gewinne ab. Die Exportquote, also der Anteil der Ausfuhren am Umsatz Krupps, stieg rasant, von 8,6 % im Geschäftsjahr 1950/51 auf 27,4 % im Geschäftsjahr 1967.[8] »Die ganze Erde ist der Markt von morgen«, formulierte Beitz 1961.[9] Persönlich trieb er besonders den Handel mit osteuropäischen Staaten voran und machte damit den »Eisernen Vorhang« auch politisch ein wenig durchlässiger.

Schlüsselfertige Industriewerke wie das Hüttenwerk Rourkela in Indien, maßgeschneiderte Großmaschinen und hoch belastbare Stahlerzeugnisse untermauerten den Mythos Krupp. Der Wirtschaftshistoriker Werner Abelshauser betont, Krupp sei damals Teil jener »Neuen Wirtschaft« gewesen, die nicht mehr auf Massenprodukte setzte, sondern auf Spezialerzeugnisse und wissenschaftlich fundiertes Knowhow, also auf immaterielle Wertschöpfung.[10] Dass Krupp den Anschluss nicht verlor, beruhte vor allem auf gut ausgebildeten, engagierten Arbeitskräften, auf der Erfahrung in Qualitätsproduktion, langjährigen internationalen Wirtschaftskontakten und der Initiativkraft von Männern wie Beitz.

Ein solch phänomenales Comeback zog öffentliche Aufmerksamkeit nach sich. Newsweek titelte »Krupp Rises From War's Ruins«, Fortune widmete sich dem »Comeback of the House of Krupp«, das Magazin Time machte mit »Industrialist Krupp« auf, und auch Der Spiegel brachte Titelgeschichten über Alfried Krupp und Berthold Beitz.[11] Ohne Zweifel war der Ruf der Firma wieder groß, auch wenn sich Bewunderung rasch mit Ängsten, sogar mit Dämonisierung mischte.[12]

Immer feilte die Kruppsche Öffentlichkeitsarbeit, geprägt durch den ideenreichen, strategisch planenden Carl Hundhausen, an einem positiven Image des Konzerns. Sie verwies auf spektakuläre Produkte wie jene stählerne Tauchkugel, mit der Jacques Piccard elf Kilometer zur tiefsten Stelle der Weltmeere tauchen konnte. Oder sie rückte die betriebliche Sozialpolitik in den Vordergrund. Krupp baute Tausende neuer Wohnungen für die Beschäftigten, investierte wieder in das firmeneigene Krankenhaus und modernisierte die Filialen seiner Konsumanstalt durch Selbstbedienung, und zwar schon 1950. Auf Jubilarfeiern und Lehrlingsversammlungen beschworen die Redner das Ideal einer Sozialpartnerschaft zwischen Kapital und Arbeit, vermittelten Wir-Gefühle und malten aus, was es hieß, einander zu vertrauen und »Kruppianer« zu sein.

Die Lebenswelt dieser »Kruppianer« wandelte sich jedoch rapide, auch wenn harte Arbeit noch den Alltag dominierte. Aber die Arbeitszeit sank; schließlich wurde 1967 in der Metallindustrie die Fünftagewoche eingeführt. Gleichzeitig verdienten die Beschäftigten immer besser und sie konnten sich mehr leisten: Kühlschrank und Fernsehapparat, Auto und Urlaubsreise. Konsum wurde zu einem Signum der Zeit. Dies spiegelt den Trend zur »nivellierten Mittelstandsgesellschaft«, den der Soziologe Helmut Schelsky damals beobachtete. Zudem nahm die Mobilität zu, auch die berufliche. Mancher bekam einen höheren Lohn und konnte schneller Karriere machen, wenn er die Firma Krupp verließ. Individualität und Selbstbestimmung gewannen an Wert. Lebensstile fächerten sich breit auf. Die Menschen konnten ihre Freizeit individueller gestalten und mittlerweile gut ausgebaute Kultur- und Bildungsangebote der öffentlichen Hand nutzen. All das bedeutete freilich auch: Gemeinschaftsstiftende Erlebnisse der »Kruppianer« nach der Schicht verloren an Bedeutung, genau wie betriebliche Sozial- und Kultureinrichtungen. Der Kruppsche Bildungsverein lebte in den Fünfziger Jahren gar nicht mehr auf, und die Kruppsche Bücherhalle schloss 1966. Fast möchte man sagen, dass der »Kruppianer« am Ende der Wirtschaftswunderjahre eine aussterbende Spezies war.

Unter neuen Bedingungen versuchte Krupp gleichwohl wieder das zu werden, was es einmal gewesen war und wofür es stand: ein sozial verantwortliches Unternehmen, das die Beschäftigten als große Krupp-Familie integrierte. Ein diversifizierter Technologiekonzern, der auf Kohle und Stahl ruhte und Qualitätsprodukte auf den Markt brachte. Ein global vernetztes und exportstarkes Großunternehmen. Nur Waffen – die wollte Alfried Krupp nicht mehr produzieren. Dennoch: In weiten Bereichen entfaltete Krupp eine rückwärtsgewandte Dynamik. Insbesondere verzögerte die Firmenspitze die alliierte Verkaufsauflage – die im Mehlemer Abkommen vereinbarte Abtrennung des Bergbaus und der Eisen und Stahl erzeugenden Betriebe – und brachte sie schließlich zu Fall. Krupp expandierte auf diesem Sektor sogar noch, indem es den »Bochumer Verein für Gußstahlfabrikation«, einen jahrzehntelangen Konkurrenten, aufkaufte – ein Triumph für die Essener.

Eine Erfolgsgeschichte also? Wer aus den Fenstern der Essener Hauptverwaltung schaute, blickte auch in den Sechziger Jahren noch auf Industriebrachen, auf Trümmer, auf Stahlgerippe zerbombter und ausgeschlachteter Werkshallen. Keineswegs euphorisch, sondern eher verhalten klangen die Grundsatzreden des Firmeninhabers Alfried Krupp und des jeweiligen Betriebsratsvorsitzenden auf den jährlichen Jubilarehrungen. Immer wieder spornte Alfried Krupp dazu an, »die technische und kaufmännische Wettbewerbsfähigkeit« des Unternehmens zu verbessern.[13] Die Konkurrenz werde schärfer, und es seien »weitere Anstrengungen notwendig, um im Markt zu bleiben«.[14]

Was geraume Zeit nur wenige Beobachter wahrnahmen, waren die latenten Strukturschwächen des Konzerns. Konkurrenten wie Hoesch oder Thyssen arbeiteten deutlich profitabler und machten kontinuierlich Gewinne. Krupp indes bilanzierte auch in den Jahren des Wirtschaftswunders mehrfach Verluste. Verantwortlich dafür waren besondere Lasten aus der Vergangenheit und die politisch bedingten Verzögerungen des Wiederaufbaus, aber auch Fehlentwicklungen der damaligen Gegenwart. Die Rekonstruktion der Firma verschlang enorme Investitionsmittel, und für eine Familiengesellschaft wie Krupp blieb es schwierig, Kapital zu günstigen Konditionen zu beschaffen. Die Betriebsrenten für 16.000 Pensionäre lasteten schwer auf den Bilanzen. Drängender noch war ein Grundproblem jedes Familienunternehmens: Wie gestaltet es die Übergabe an die folgende Generation? Die Frage blieb jahrelang offen. Dem einzigen Sohn des Inhabers, Arndt von Bohlen und Halbach, fehlten erkennbar die Fähigkeiten und die Leidenschaft eines Konzernlenkers.

Und auch Alfried Krupp selbst war alles andere als ein strategischer Kopf oder gar ein »schöpferischer Zerstörer«, in welchem der bedeutende Nationalökonom Joseph Schumpeter das Ideal eines erfolgreichen Unternehmers sieht. Hierin unterschied sich Alfried Krupp fundamental von seinem Urgroßvater Alfred im 19. Jahrhundert. Indem sich der Urenkel an die schwerindustrielle Basis seines Konzerns klammerte, setzte er letzten Endes auf die überkommenen Strukturen und eine »alte« Industrie. Einer seiner Zeit- und Standesgenossen, Friedrich Flick, handelte umgekehrt. Er stieß, wie von den Alliierten verlangt, Zechen und Hochöfen ab und investierte stattdessen in Wachstumsbranchen wie den Automobilbau.[15] Alfried Krupp indes beharrte auf Tradition und sozialem Denken. Mache ein Betriebsteil Verluste, müssten andere das eben mit ihren Gewinnen ausgleichen, meinte er. Nur litten sehr viele Geschäfte des Krupp-Konzerns unter schwacher Rentabilität, und die Versuche, in neuen Wirtschaftszweigen wie der Atomenergie Fuß zu fassen, schlugen am Ende fehl.

Rückblickend betrachtet war die Bergbaukrise von 1958 ein Menetekel für den Existenzkampf, in den Krupp seit Mitte der 1960er-Jahre geriet, auch weil man an Kohle und Stahl festhielt und in der Weiterverarbeitung oft zu unproduktiv blieb. Ein internes Memorandum klang 1966 düster: »In vielen Fällen wird mit veralteten Fertigungsmethoden und den Kosten von heute das Erzeugnis von gestern hergestellt.«[16]

Geschichte ist nie ein Schwarz-Weiß-Gemälde. Und auch die Geschichte des Hauses Krupp im Wirtschaftswunder ergibt ein Bild voller Zwischentöne: Ja, das Überleben der Firma und ihr Wiederaufstieg glichen einem Wunder. Sie zeugen von Substanzkraft und Erneuerungsfähigkeit, aber bargen die Krise bereits in sich. So muss das Fazit aus heutiger Sicht lauten, doch ob die damals Handelnden dies in allen Dimensionen erkennen konnten?

Von Problemen, gar von Krisen verraten jedenfalls die Fotografien dieser Jahre wenig. Wie auch sollten sie veranschaulichen, dass eine imposante Kurbelwelle oder ein mächtiger LKW nicht genug Gewinn einbrachten? Wie auch sollten sie klar machen, dass hinter dem Firmeninhaber, den sie porträtierten, kein kreativer Unternehmer steckte? So atmen die Fotografien ganz den Geist des Aufbruchs und erliegen dem Zauber des Fortschrittsoptimismus.

1 Ludwig Erhard: Wohlstand für alle, Düsseldorf 1957, S. 163.
2 Zahlen und Überblicke bei Hans-Ulrich Wehler: Deutsche Gesellschaftsgeschichte, Bd. 5 (Bundesrepublik und DDR 1949-1990), München 2008, S. 54. Werner Abelshauser: Deutsche Wirtschaftsgeschichte seit 1945, München 2004.
3 Zit. nach Werner Abelshauser: Rüstungsschmiede der Nation? Der Kruppkonzern im Dritten Reich und in der Nachkriegszeit 1933 bis 1951, in: Lothar Gall (Hg.): Krupp im 20. Jahrhundert. Die Geschichte des Unternehmens vom Ersten Weltkrieg bis zur Gründung der Stiftung, Berlin 2002, S. 267-472, hier S. 449.
4 Lothar Gall: Von der Entlassung Alfried Krupp von Bohlen und Halbachs bis zur Errichtung seiner Stiftung 1951 bis 1967/68, in: Ebd., S. 473-589, hier S. 476.
5 Historisches Archiv Krupp (im Folgenden HAK), S 2, Lowa, 9/1 (Broschüre der Krupp-Lokomotivfabrik, Jan. 1948).
6 Lothar Gall (Hg.): Krupp im 20. Jahrhundert. Die Geschichte des Unternehmens vom Ersten Weltkrieg bis zur Gründung der Stiftung, Berlin 2002, S. 666-667.
7 Handelsblatt vom 27.8.1958 nach einer Erhebung der amerikanischen Zeitschrift Fortune.
8 Harold James: Krupp. Deutsche Legende und globales Unternehmen, München 2011, S. 326.
9 Krupp Mitteilungen 45 (1961), H. 7 (Sonderausgabe 150 Jahre Fried. Krupp), S. 5.
10 Werner Abelshauser: Krupp in der deutschen Wirtschaftsgeschichte. Die Herausforderung des Wilhelminischen Kapitalismus, in: Krupp. Fotografien aus zwei Jahrhunderten, hg. von der Alfried Krupp von Bohlen und Halbach-Stiftung, Berlin/München 2011, S. 12-25, hier bes. S. 22-23.
11 Newsweek, 4.1.1954; Fortune, Februar 1956; Time, 19.8.1957; Spiegel, 30.11.1955 und 27.5.1959.
12 Abzulesen besonders in Veröffentlichungen des Publizisten William Manchester; zuerst in der Artikelserie »The House of Krupp« für das Magazin Holiday, Oktober 1964 bis Februar 1965.
13 Krupp Mitteilungen 44 (1960), H. 2, S. 36 (Rede auf der Jubilarfeier vom 5.3.1960).
14 Krupp Mitteilungen 43 (1959), H. 3, S. 96 (Rede auf der Jubilarfeier vom 14.3.1959).
15 Die politischen Methoden Flicks und die Tatsache, dass sein Unternehmensverbund in der nächsten Generation unterging, stehen auf einem anderen Blatt.
16 Memorandum »Position und Entwicklung des Krupp-Konzerns«, 5.11.1966: HAK, WA 155 v 578.

2
Erich Lessing
Werksanlage nach der
Demontage, 1962

Krupp, das Ruhrgebiet und die Bilder

Sigrid Schneider

Die Firma Krupp und die Fotografie – das war immer eine gemeinsame Erfolgsgeschichte, von der Frühzeit des Mediums und dem Aufstieg der Gussstahlfabrik zum Weltkonzern bis in den Zweiten Weltkrieg. Der jeweilige Patriarch war unangefochtener Herr der Bilder, er bestimmte, wie seine Welt aus Werken, Produkten, Mitarbeitern, Sozialeinrichtungen, Arbeitersiedlungen und nicht zuletzt der eigenen Familie im Bild zu erscheinen hatte. Das Potenzial des Mediums wurde von Anfang an erkannt und gezielt für Zwecke des Unternehmens eingesetzt, sei es durch angestellte Werksfotografen oder durch Vergabe von kontrollierten Aufträgen an freie Fotografen. Die so entstandenen Bilder spiegeln naturgemäß weniger die Wirklichkeit des Unternehmens als vielmehr die Darstellungsabsichten auf Seiten des Auftraggebers. Werksfotografie erzeugt per se ideologische Konstrukte – der Mythos von Krupp wurde ganz entscheidend von diesen Bildwelten befördert. Darüber hinaus spielten sie eine zentrale Rolle bei der Prägung der Ruhrgebiets-Identität: Krupp wurde zum Sinnbild für das wirtschaftliche Potenzial der Region, ein Synonym für die Schwerindustrie, der das Ruhrgebiet seine Existenz verdankte. Schon früh und für Jahrzehnte hatten solche Bilder von Krupp einen zentralen Stellenwert in der Image-Werbung öffentlicher Institutionen, seit den 1920er-Jahren tauchen sie regelmäßig in Bildbänden und Broschüren auf.

Diese heile Welt ging mit dem Ende der nationalsozialistischen Herrschaft zunächst in die Brüche. Die radikale Zerstörung betraf nicht nur den realen Krupp-Konzern, sondern auch das Image der mächtigen Industrieführer, ihre Deutungshoheit über den eigenen Kosmos. Auf der Ebene der Symbole wird diese Entmachtung wohl am deutlichsten in der im Archiv des Imperial War Museum in London überlieferten Fotografie vom britischen Besatzungssoldaten in der Badewanne der Villa Hügel – die neuen Herren sind bis in die Intimsphäre der Besiegten vorgedrungen, übernehmen das Regiment und inszenieren nun ihrerseits die Bilder und bestimmen über deren Verwendung. In der amerikanischen Zeitschrift Life erschien im August 1945 die Reportage »The Krupps« mit Fotografien von Margaret Bourke-White und dem Untertitel »The Cannon Makers of Essen Face the End of their Dynasty«. Sie zeigen den sonst so eleganten und gewandten Alfried Krupp von Bohlen und Halbach in unbehaglich steifer Haltung vor dem berühmten großen Familienporträt in der Villa Hügel – eher ein fremder Gast als der Herr des Hauses. Die Kruppsche Erfolgsgeschichte und die Verfügungsgewalt über ihre Erzählung sind augenfällig an ihr Ende gekommen. Dies allerdings nur für relativ kurze Zeit – schon bald wird Krupp von seinem Stigma befreit durch die Neuorientierung der alliierten Politik im Kalten Krieg; spätestens mit dem Ende der Demontagen 1951 wird der Neuaufbau des Konzerns im Interesse der Westmächte gefördert.

Das Ruhrgebiet im Bild

Am Ende des Krieges entstanden zahlreiche Fotografien aus der Sicht der Sieger und der Besiegten: auf der einen Seite Bilder zerstörter Städte und Fabriken, siegreiches Militär als Beherrscher der Szene – Beweismaterial für die gelungene Vernichtung des Gegners, geliefert von alliierten Armeefotografen und akkreditierten Presseberichterstattern, das der Zensur unterlag und ausschließlich als Teil oder im Geiste regierungsoffizieller Darstellungen verwendet wurde, auch dann, wenn es in unabhängigen amerikanischen und britischen Publikationen erschien. Auf Seiten der besiegten Deutschen entstanden Fotografien im Auftrag der streng kontrollierten Lizenzpresse, im Zusammenhang mit Broschüren oder Buchpublikationen, als Dokumente der Firmengeschichte für Werksarchive oder der Stadtgeschichte für kommunale Archive. Zu sehen sind Bestandsaufnahmen der Zerstörung, Schuttberge und Chaos als bildfüllende Motive, daneben riesige leere Flächen, neue Durchblicke ohne den gewohnten Halt durch intakte architektonische Strukturen, erkennbare Ratlosigkeit angesichts eines Orientierungsverlustes von bisher unbekanntem Ausmaß.

Dieser Kanon wandelt sich bis zum Ende der 1940er-Jahre. Zunehmend deutlich tritt das Positive, im Wortsinn »Aufbauende« in den Vordergrund. Der Beginn der Nachkriegsgeschichte liest sich als Bilderzählung von den erheblichen Leistungen bei der Überwindung von Widrigkeiten, dem Verlangen nach Normalität und dem Streben nach positiver Sinngebung. Totaler Zusammenbruch, Chaos oder die Auseinandersetzung mit Zeugen und Zeugnissen der nationalsozialistischen Vergangenheit kommen gar nicht mehr oder nur am Rande vor. Seit der Zeit der Währungsreform ab 1948 dominieren in den Bildern die systematische Einkehr neuer Ansichten und die Wiederkehr gewohnter Ordnungen. Der enorme wirtschaftliche Aufschwung der 1950er-Jahre, Wiederaufbau und Wirtschaftswunder als Silberstreif am Horizont, beförderte vor allem in der wieder erstarkten Industrieregion Ruhrgebiet eine rege Öffentlichkeitsarbeit, allen voran beim Siedlungsverband Ruhrkohlenbezirk, der immer häufiger als Auftraggeber für Fotografen auftrat. Seine Aufgabe der Förderung eines positiven Ruhrgebiets-Images erledigte der Verband mit der Vorgabe visueller Konzepte, die auf bewährte Stereotypen und Klischeebilder seit dem Ende der 1920er-Jahre zurückgriffen. Dementsprechend erscheint das Ruhrgebiet in Bildbänden und illustrierten Publikationen der 1950er- und 1960er-Jahre als moderne Heimat mit Sinn für Tradition, mit Industrieanlagen, die sich harmonisch in die Landschaft einfügen, mit vorbildlichen Siedlungen in gesunder, grüner Umwelt, mit offensichtlich zufriedenen Menschen bei der Arbeit und in der Freizeit. Mit den jeweils zeittypischen Stilmitteln der Fotografie und des Layouts werden alle positiv besetzten Standardmotive berücksichtigt und die Region als faszinierend und liebenswert gezeigt. Andere Sichtweisen unabhängig arbeitender Fotografen, wie etwa in dem Gemeinschaftsprojekt »Im Ruhrgebiet« von Heinrich Böll und Chargesheimer von 1957/58 oder dem von Otto Steinert initiierten Projekt »Begegnung mit dem Ruhrgebiet« von 1967, sind höchst selten – und entfachten entweder massiven Protest oder blieben ohne Folgen für die Image-Produktion.

Krupp im Bild

In allen Bildbänden der Zeit – und nachfolgend auch in der Autorenfotografie seit den 1970er-Jahren bis in die Veröffentlichungen der Gegenwart – ist Krupp eine Konstante im Themenkanon. Mit der Orientierung auf das seit Mitte der 1950er-Jahre zum geflügelten Wort gewordene Wirtschaftswunder verschwindet die jüngste Vergangenheit von der Agenda, steigt die Marke Krupp wie ein Phoenix aus der Asche – als ein wesentlicher Garant für die Prosperität und Zukunftsgewissheit der Region. Allerdings werden die Bilder der Familienmitglieder abgelöst durch solche der Villa Hügel als einer regionalen Institution und durch solche der Arbeitsplätze, an denen die Mitarbeiter im Fokus sind. Während die Villa Hügel in den Bildunterschriften meist verortet wird, bleiben die Bilder schwerindustrieller Arbeitsplätze oft ohne genaue Bezeichnung und stammen bei Bildbänden über das gesamte Revier aus verschiedenen Produktionsstätten.

In Publikationen über das Ruhrgebiet steht die Firma meist stellvertretend für die Stadt Essen; geht es nur um die Darstellung der Stadt, gehören die Motive ebenso zum Bildkanon wie die Gruga, die mittelalterlichen Kirchen, Neubausiedlungen und Hochhäuser, die Lichtwochen, Ruhr und Baldeneysee oder die Einkaufsstraßen in der City. Das Thema Krupp wird repräsentiert durch Bilder der Villa Hügel, entweder inmitten des eindrucksvollen Parks oder hoch oben über dem Baldeneysee thronend, als Schauplatz von Konzerten und Ausstellungen und damit Garant für den erstrebten Anschluss an die Hochkultur. Je nach Konzept gehört der Blick auf Fabrikgebäude – gerne ein Hüttenwerk bei Nacht – und ins Innere der Werkshallen dazu. Hier sind es vor allem die Bilder vom Hochofenabstich, die zunächst schwarz-weiß, dann in Farbe die Faszination von Feuerschein, Dampf, glühendem und fließendem Metall und gigantischen Geräten spiegeln. Stahlarbeit erscheint im Bild wie ein theatralisches Spektakel mit mystischen Lichtinszenierungen; kaum ein Fotoband verzichtet auf Bilder oder Sequenzen von Schmelz- und Gießprozessen als Höhepunkte eines ästhetischen Schauspiels.

Seit den 1950er-Jahren waren Familie und Firma Krupp zu neuem Glanz aufgestiegen, das Verhältnis zur Fotografie als Medium der (Selbst-)Darstellung entspannte sich, die Vorgaben für die Bildproduktion wurden moderat modernisiert. Die Werksfotografie setzte Architektur, Arbeitsplätze und Produkte zwar weiterhin überwiegend im dokumentarischen Stil in Szene, wagte aber daneben auch ungewöhnlichere Perspektiven, die zunächst noch von der in den 1920er-Jahren wirksamen Richtung des »Neuen Sehens« beeinflusst waren, allmählich aber dynamischeren Inszenierungen Platz machten. Den Ansprüchen der Wirtschaftswunderzeit an effiziente Kommunikation konnte die traditionelle Werksfotografie allerdings schon bald nicht mehr genügen. Seit Ende der 1950er-Jahre kontrollierte die eigens gegründete Bildstelle der Presseabteilung die visuellen Strategien der Außendarstellung. Dabei hatte der Verwertungszusammenhang stets oberste Priorität. Bilder und fotografische Projekte mussten erkennbaren Werbenutzen haben, andernfalls wurden sie nicht realisiert.

Der Wunsch nach einem international wirksamen neuen und positiven Image veranlasste eine Orientierung am Stil amerikanischer Reportagefotografie und führte zur Beauftragung externer Fotografen, darunter auch renommierte Vertreter des internationalen Magazinjournalismus. Im Unterschied zur klassischen Werksfotografie erzählten die so entstandenen Bildserien Geschichten, gerne am Beispiel von Menschen. Das Material wurde entweder direkt an Illustrierte im In- und Ausland geliefert oder ging zur Distribution an Agenturen. Ein Höhepunkt der fotografischen Produktion von Bildern zu Familie und Werk war das 150-jährige Firmenjubiläum 1961, als große Bildberichte, etwa für die Neue Illustrierte, inszeniert wurden. Hier agierte der Fotograf als Augenzeuge beim Bemühen um zwangloses Auftreten der Firmenleitung und möglichst wenig förmlichen Umgang mit den (Mit-)Arbeitern. Durch ihren subjektiven Stil gewannen die Bilder eine Atmosphäre, wie sie die traditionelle Werksfotografie nicht liefern konnte. Tatsächlich wurde aber möglichst keine Szene und Konstellation in solchen Reportagen dem Zufall überlassen, sondern in Absprache mit dem Auftraggeber genau kalkuliert – vor dem Hintergrund der Erkenntnis, dass die illustrierte Presse der 1950er- und 1960er-Jahre noch eine Massenpresse war, die erheblichen Einfluss auf die Meinung der Leser über die dargestellten Personen und Sachverhalte hatte, also ein mächtiger Verbündeter im Bemühen um ein positives Image beim breiten Publikum im In- und Ausland war.

Zwar war es nun nicht mehr der Patriarch allein, der bis ins Detail über die Produktion und Verwendung der Bilder wachte, und nicht in jedem Fall entsprachen die veröffentlichten Bilder den Erwartungen, aber die Firma hatte doch die mit dem Kriegsende eingebüßte Deutungshoheit über ihre bildliche Repräsentation weitgehend wiedergewonnen.

3
Diaserie »Fried. Krupp Essen«, 1961

»Bilderdienst«.
Fotografien von und über Krupp

Manuela Fellner-Feldhaus

Wie wenige andere Unternehmen stand die Firma Krupp im öffentlichen Interesse und ruft selbst heute noch Zustimmung oder Ablehnung hervor. Eine nicht unwesentliche Rolle spielen dabei die in den Wirtschaftswunderjahren entstandenen Fotografien, deren komplexe Entstehung und deren Verbreitung das Unternehmen zum Teil maßgeblich steuerte. Aber welche Akteure trafen die Entscheidungen, stellten die Weichen dafür, dass ein teilweise heute noch vertrauter Bilderkanon entstand? Für welche Zwecke wurden Bilder ausgewählt und verbreitet? Welche Bedeutung hatten die Zeitschriften, die Bildagenturen und das schier unstillbare Verlangen nach aktuellen und beeindruckenden Bildern? Welche Erinnerungen und Emotionen lösten sie bei dem Betrachter aus, welche Informationen und Stimmungen wurden vermittelt?

»The Comeback of Krupp«, so ist eine zwölfseitige Reportage über Familie und Firma Krupp überschrieben. Sie erschien 1956 in der Februarausgabe des amerikanischen Wirtschaftsmagazins Fortune. »Few firms in history have gathered about themselves so much glamour – and hatred – as Germany's House of Krupp.«[1] Damit leitet James Bell, einer der führenden amerikanischen Journalisten in Europa und Leiter der Bonner Redaktion des Time-Life-Verlages, seinen Beitrag ein. Ganz im Stil der damaligen farbigen Magazine ist dieser mit Fotografien der Magnum-Mitglieder Erich Lessing, Ralph Crane, Erich Hartmann und Axel Poignant illustriert. Die Aufnahmen zeigen die demontierten Werksanlagen in Essen-Borbeck, die Schiffswerft in Bremen, das Hüttenwerk in Rheinhausen, den LKW- und Lokomotivbau und die weltweiten Aktivitäten des Unternehmens. Das erste Bild fasziniert durch seine ungewöhnliche

Komposition und Bildsprache und hebt sich deutlich von den anderen Abbildungen ab. Der Fotograf Erich Lessing lässt den Eigentümer Alfried Krupp von Bohlen und Halbach, seinen Generalbevollmächtigten Berthold Beitz und die Direktoren der Firma Krupp entsprechend ihrer Hierarchie Aufstellung nehmen. Die Aufnahme entstand am 26. November 1955 in der Eingangshalle der Villa Hügel.[2]

Organisiert hatte diesen Termin Carl Hundhausen, der, bereits seit Jahren für Krupp tätig, unter anderem auch den neuen Geschäftsbereich »Presse und Werbung« nach amerikanischem Vorbild aufbaute.[3] Hundhausen erkannte die große Bedeutung, die der Fortune-Beitrag für eine positive Außenwirkung des Unternehmens insbesondere im englischsprachigen Bereich haben konnte. Deshalb sollte das Originalheft »jedem amerikanischen Senator und einigen führenden amerikanischen Politikern« zukommen.[4] Ein deutschsprachiger Sonderdruck entstand, der »an sämtliche Mitglieder des Bundestages, an den Bundesrat, Montanunion und an die führenden Beamten im Ministerium« versandt wurde.[5]

Berthold Beitz, der die Macht der Medien und ihrer Bilder erkannt hatte, lud anschließend den Fotografen Erich Lessing zu Krupp ein. Lessing nahm die Einladung an. Schriftliche Aufzeichnungen über den Verwendungszweck der Fotografien oder ein Arbeitsprogramm existieren nicht. Während mehrerer Aufenthalte von Lessing bei Krupp entstanden im Zeitraum von 1955 bis 1962 mehr als 1.300 Aufnahmen. Lessing fotografierte in der Schmiede und Gießerei, in der Lokomotiv- und Kraftwagenfabrik und in der Mechanischen Werkstatt in Essen sowie in der Werft AG »Weser« in Bremen. Die Aufnahmen vom Hüttenwerk Rheinhausen zeigen die Stahlproduktion, die verarbeitenden Werkstätten und die Lehrwerkstätten. Auch der Forschungsanstalt, der Konsumanstalt und den Ruinen des demontierten Werkes in Essen-Borbeck widmete er seine Aufmerksamkeit. Im Fokus stand der schwer arbeitende Mensch in der Schmiede oder im Thomasstahlwerk. Eine Auswahl von Motiven wollte der Fotograf zu einem von ihm gestalteten Bildband zusammenstellen. Obwohl auch Beitz das Vorhaben befürwortete, kam es nicht zustande, da die Verantwortlichen der Abteilung Schmiede und Gießerei darin »keinen Werbenutzen« sahen.[6] Einzig ein Klebeumbruch dokumentiert das nicht realisierte Fotobuchprojekt »Von der Schmiede zum Meer«.[7]

Die Fotografien Lessings gehörten zu einer als »Bildarchiv« bezeichneten Fotodokumentation, die vom Referat »Bild und Film« der Stabsabteilung Information der Firma Krupp eigens angelegt wurde. Der Einrichtung des Bildarchivs gingen Beschwerden von Bildagenturen und auch von Berthold Beitz voraus, dass die von den Werksfotografen gemachten Aufnahmen nur bedingt für eine öffentlich wirksame Pressearbeit geeignet seien. Von 1960 bis 1968 entstanden Schwarz-Weiß-Fotografien im Umfang von 2.780 Filmen im Leica- bzw. im Mittelformat sowie 600 Kleinbilddia-Farbaufnahmen. Ein großer Teil dieser Bilder ist Alfons Bobkowski zuzuschreiben, der im September 1959 von der Stabsabteilung Information als Fotograf angestellt wurde und für das Bildarchiv zuständig war, also nicht in der traditionellen Abteilung Werksfotografie tätig war.[8] Ergänzt wurde die Sammlung durch Aufnahmen externer Fotografen, die im Auftrag von Bildagenturen und Illustrierten arbeiteten, aber auch durch Arbeiten von lokal tätigen Fotografen. An diesen Fotografien hatte das Unternehmen die Nutzungsrechte erworben. Die Bildinhalte sind vielfältig: Produkte und Betriebe, Sozialeinrichtungen, Lehrlingsausbildung, ausländische Mitarbeiter, Firmenereignisse, Jubilarehrungen, Arbeiterporträts, Ausstellungen bei Wirtschaftsmessen, prestigeträchtige und Aufsehen erregende Projekte und die weltweiten Aktivitäten des Unternehmens. Der Firmeneigentümer, sein Generalbevollmächtigter, die Direktoren sind bildmäßig ebenso verfügbar wie die vielfältigen Veranstaltungen in der Villa Hügel, Schauplatz von internationalen Besuchen und großen Ausstellungen. Neben Einzelbildern wurden auch Bildserien und Reportagen zu Themen wie Menschen im Werk, Frauen oder Nachwuchs zusammengestellt.

Das Unternehmen nutzte diesen besonderen Pool von Motiven gezielt für Öffentlichkeitsarbeit und Imagekampagnen, aber auch zum Abdruck in den Werkszeitungen. Von 5.000 ausgewählten Motiven wurden Presseabzüge im Format 18 x 24 cm angefertigt und mit einem teilweise zweisprachigen Pressetext versehen. Insbesondere im Vorfeld des 150-jährigen Firmenjubiläums, das im November 1961 begangen wurde, nahm die Nachfrage nach Pressebildern intensiv zu. Die Presseabteilung stellte eigens für diesen Anlass Bildpakete zusammen. Eine Mappe mit Schwarz-Weiß-Fotografien wurde an 150 deutsche Zeitungen und Illustrierte zum Abdruck geschickt. Die Fotografien umfassen Themen wie Kohle (16 Motive), Stahl (10 Motive), Verarbeitung

(22 Motive), Projekte (6 Motive), Ausbildung und Soziales (6 Motive), Villa Hügel (4 Motive), Historisches (17 Motive) sowie Porträts von Berthold Beitz und Alfried Krupp.[9] Die Motive – man setzte bewusst auf eine neue Bildsprache – lassen nicht sofort erkennen, dass es sich um Krupp handelt. Ein ähnlicher Themenkatalog mit Farbmotiven diente vorrangig der Präsentation in Schulen und Volkshochschulen sowie als Geschenk für Kunden. 30 Kleinbilddias, gekennzeichnet mit dem Firmenlogo und nummeriert, wurden zu jeweils 6 Stück in einer Plastikhülle zusammengefasst und mit einer kleinen zweisprachigen Textbroschüre ergänzt. Im Impressum finden sich Informationen zu den verwendeten Filmmaterialien und Kameras wie auch zu den Fotografen.

Im Juli 1961 kontaktierte Herbert Schaaf, der Leiter des Pariser Büros der Bildagentur Magnum, die Firma Krupp.[10] Er lud Hans Heinrich Campen, den Leiter des Referates »Bild und Film«, ins Büro nach Paris ein, um das dort vorhandene Bildmaterial zu Krupp auf »Richtigkeit der Betextung, etc.« zu prüfen.[11] Campen, seit September 1958 bei Krupp, war u. a. für die Produktion von Industriefilmen, das Bildarchiv und die Imagebroschüren verantwortlich.[12] Nach seinem Besuch bei Magnum, wo er rund 1.000 Motive zu Krupp gesichtet hatte, berichtete er, dass er »unerwünschte bzw. unvorteilhafte Fotos [...] besonders gekennzeichnet und die Zusicherung erhalten [hat], dass diese nicht veröffentlicht werden.«[13] Um die Bildersammlung zu aktualisieren, beauftragte Magnum sein Mitglied Rene Burri damit, neue Fotografien von Krupp anzufertigen. Kosten sollten dadurch dem Unternehmen nicht entstehen, da die Bildagentur im Vorfeld des Jubiläums bereits ausreichend Nachfragen nach Krupp-Motiven hatte. Noch im Sommer 1961 reiste Burri nach Essen, weitere Aufenthalte folgten. Es entstanden Aufnahmen der Betriebe und der Produktion in Essen und in Rheinhausen. Dem Thema Tradition sind Aufnahmen im sog. Stammhaus, im Halbachhammer und in der Villa Hügel gewidmet. Der Fotograf beobachtete die Besucher einer Ausstellung in der Villa Hügel und Jugendliche an einer im Hügelpark aufgestellten Schiffsschraube; Bilder, die für die neue Nutzung des ehemaligen Familienwohnsitzes stehen. Von Alfried Krupp und Berthold Beitz entstanden Porträtaufnahmen. Burri reiste auch nach Brasilien, um das 1961 in Betrieb genommene Gesenkschmiedewerk Krupp Metalúrgica Campo Limpo S. A. zu fotografieren.

Neben Erich Lessing und Rene Burri fotografierten u. a. auch Stefan Moses, Arnold Newman, Ralph Crane, Fritz Henle, Hilmar Pabel, Yousuf Karsh, Robert Lebeck, Stan Wayman, Hanns Hubmann, Fritz Fenzel, Burt Glinn oder Kryn Taconis meistens im Auftrag von Magazinen und Bildagenturen im Unternehmen. Der überwiegende Teil dieser Fotografien wird heute im Oeuvre der Fotografen kaum mehr wahrgenommen. In fotohistorischen Abhandlungen, aber auch in monografischen Werken fehlen diese Bilder weitgehend. Dies mag vor allem folgende Ursachen haben: Für die Fotografen blieben Aufträge in Unternehmen wie Krupp eine Ausnahme. Im Gesamtwerk dieser Fotografen nehmen die Arbeiten über Krupp – sieht man von einigen Fotobuchprojekten ab – keinen hohen Stellenwert ein. Zum anderen verlagerte sich der Arbeitsschwerpunkt der Bildjournalisten zunehmend auf andere Themen. Die nach wie vor von kunsthistorischen Fragestellungen geprägte Fotografiegeschichte widmet sich bei der Betrachtung der Magnum-Fotografen noch viel zu selten ihren Aufträgen bei der Industrie und den Entstehungs- und Verwendungszusammenhängen ihrer Bilder.

Krupp profitierte nach 1951 vom allgemeinen wirtschaftlichen Aufschwung und entwickelte sich zu einem Vorzeigeunternehmen der Bundesrepublik der 1950er- und 1960er-Jahre.[15] Die Öffentlichkeitsabteilung erkannte die massenmediale Wirksamkeit von Bildern. Das Unternehmen öffnete sich den Anfragen der Presse; zahlreiche externe Fotografen arbeiteten bei und über Krupp im Auftrag von Bildagenturen oder Illustrierten. Im Austausch mit den Bildjournalisten wurde eine neue Bildsprache entwickelt, wurden neue Konzepte für die Öffentlichkeitsarbeit angewandt. Das »menschliche Moment«[16] trat in den Vordergrund, Bildreihen mit Reportagecharakter wurden zusammengestellt. Geschickt wurden Presseanfragen koordiniert, Bildjournale bedient und unternehmenskonforme Bilder von Krupp breit gestreut. Nicht nur in- und ausländische Presse, sondern auch Schulen, Presseabteilungen von Regierungsstellen, Verbände und andere Unternehmen zählten zu den Adressaten.

Dem Betrachter vermitteln die Bilder vordergründig die Erfolgsgeschichte eines Unternehmens, das - alten Traditionen verhaftet - an die früheren Erfolge anknüpfen kann und zu einem der wirtschaftlichen »Musterbetriebe« der Bundesrepublik wurde. Gemessen an den Ergebnissen der aktuellen Forschung zur Unternehmensgeschichte aber wirken manche dieser Motive wie Konstrukte fern der Realität.[17]

Die intensive Bildproduktion selbst endete 1968. Im Rahmen der Reorganisation des Unternehmens wurde die Stabsabteilung Information reduziert, das Bildarchiv nicht mehr fortgeführt und der Bildjournalist Bobkowski zu den Werksfotografen versetzt. Der Großteil der Bilder aus den Jahren des Wirtschaftswunders verlor seinen unmittelbaren Nutzen, geriet mit seiner Entstehungsgeschichte in Vergessenheit, blieb aber erhalten und gelangte schließlich ins Historische Archiv Krupp. Was bleibt, sind die Bilder in unseren Köpfen?

[1] James Bell: The Comeback of Krupp, in: Fortune, February 1956, S. 100-109, hier S. 101.
[2] Persönlicher Notizkalender von Alfried Krupp von Bohlen und Halbach: Historisches Archiv Krupp (im Folgenden HAK), FAH 24/549 (1955).
[3] Zur Person von Carl Hundhausen (1893-1977) siehe Eva-Maria Lehming: Carl Hundhausen: Sein Leben, sein Werk, sein Lebenswerk. Public Relations in Deutschland, Wiesbaden 1977. Hundhausen war u. a. Mitbegründer und erster Vorsitzender der Deutschen Public-Relations-Gesellschaft e. V. (DPRG).
[4] Hundhausen an Beitz, 3.2.1956: HAK, N 100/237.
[5] HAK, S 1 K 18/72.1.
[6] Burandt an Becker, 22.10.1958; Aktenvermerk Marré, 7.1.1959: HAK, WA 119 v 545.
[7] From the forge to the high seas. First in a series, 1957: HAK, F 1/176.
[8] Bobkowski (1918-1998) war von 1952 bis 1959 als freischaffender Pressefotograf für lokale Tageszeitungen wie die Rheinische Post tätig: HAK, WA 110/487.
[9] HAK, WA 16 v 65; HAK, WA 16 v 67.
[10] Zu Magnum siehe William Manchester: Zeitblende. Fünf Jahrzehnte MAGNUM-Photographie, München 1989.
[11] Schaaf an Campen, 12.7.1961: HAK, N 100/235.
[12] Campen (geb. 1930) betätigte sich auch als Fotograf: HAK, WA 131/6525.
[13] Campen an Beitz, 24.7.1961: HAK, N 100/235.
[14] Eine Ausnahme bildet: Manfred Rasch, Robert Laube (Hg.): Licht über Hamborn. Der Magnum-Fotograf Herbert List und die August Thyssen-Hütte im Wiederaufbau, Essen 2014.
[15] Simone Derix: Bebilderte Politik. Staatsbesuche in der Bundesrepublik 1949-1990, Göttingen 2009, S. 64.
[16] Hundhausen an Beitz, 27.1.1956: HAK, N 100/237.
[17] Siehe dazu: Lothar Gall (Hg.): Krupp im 20. Jahrhundert. Die Geschichte des Unternehmens vom Ersten Weltkrieg bis zur Gründung der Stiftung, Berlin 2002.

4
Erich Lessing
From the forge to the high seas.
First in a series,
1957

5
Der Fotograf
Rene Burri bei Krupp,
24.5.1967

Fotografie im Aufschwung.
Neue technische Möglichkeiten

Klaus Pollmeier

Als die Wirtschaft in den 1950er-Jahren wieder Tritt fasste, die Werbung Bilder brauchte, die Zeitschriften den Blick in die weite Welt öffneten und Forschung und Industrie ihre wiedergewonnene Leistungsfähigkeit zeigten, begann für die Fotografie eine zwar chancenreiche und von Innovationen geprägte, aber auch von Wettbewerb bestimmte Zeit. In der Zeit des Wirtschaftswunders mit Fotografien Geld zu verdienen, bedeutete zunächst einmal, sich in ein von Lehrlings-, Gesellen- und Meisterstatus geprägtes, schon lange vor dem Krieg etabliertes Innungswesen hineinzufinden. Alternativ gab es den Weg über Fotofachschulen, die zwar eine weniger von Handwerkskonventionen bestimmte Atmosphäre boten, aber doch nur wenigen offen standen. Mit der Wahl der Ausbildungsform stellte man auch Weichen für die spätere Tätigkeit: Für einen Industriefotografen, wobei wenige Fotografen ausschließlich damit ihr Geld verdienten, war eine Ausbildung im Handwerk naheliegend. Unternehmen wie Krupp bildeten selbst aus und hatten besonders in technischer Hinsicht ein hervorragendes Niveau entwickelt. Als Geselle oder Meister angestellt zu sein, bot gegenüber Freiberuflern größere wirtschaftliche Sicherheit. Die Gefahr bestand jedoch darin, dass man die Herausforderungen einer künstlerischen Arbeit aus den Augen verlor.

Die technischen Möglichkeiten der Berufsfotografen entwickelten sich in den 1950er- und 1960er-Jahren rasant und zu höchster Perfektion. Insbesondere im Kamerabau war Deutschland noch führend, verspürte aber durch die Freigabe deutscher Patente nach dem Krieg eine immer bedrohlichere Konkurrenz aus dem Ausland. Bei den Verbrauchsmaterialien hatten Kodak und Agfa viele kleinere Unternehmen aufgekauft und konkurrierten um den Weltmarkt. Wer sich in dem immer umfangreicher werdenden Angebot einen Überblick verschaffen wollte, fuhr ab 1950 nach Köln, wo sich die Fachwelt alle zwei Jahre zur Fachmesse »Photokina«, traf. War dies im ersten Jahr mit 300 Ausstellern und 75.000 Besuchern zwar bereits eine große, jedoch noch eine ausschließlich deutsche Veranstaltung, so war die Messe in den 1960er-Jahren auf mehr als das Doppelte angewachsen: Hinzugekommen waren nun fast genau so viele ausländische Aussteller und man zählte in manchen Jahren mehr als 200.000 Besucher. Als Messe-Magnet erwiesen sich damals bereits die von L. Fritz Gruber organisierten Bilderschauen, in denen er wegweisende Fotografien ausstellte und, unterstützt durch die Gruppe »Fotoform« und Otto Steinerts Ausstellungen zur »Subjektiven Fotografie«, Orientierung in der immer größer werdenden Bilderflut bot.

Kameras	Die 1924 vorgestellte Sucherkamera Leica hatte sich in den 1950er-Jahren bei vielen Reportern und Amateuren durchgesetzt. Die Kamera war klein, leise, damit unauffällig und lieferte mit den Zeiss-Objektiven unübertroffen scharfe Fotos. Sie war zur Kamera der Topstars geworden, allen voran die Fotografen der Bildagentur Magnum, wie Henri Cartier-Bresson, Robert Capa, Rene Burri oder Erich Lessing. Kein Wunder, dass sich bald auch Amateure in aller Welt mit der Aura des Werkzeugs erfolgreicher Profis umgaben. 1961 wurde die einmillionste Leica verkauft. Parallel zur Leica etablierten sich auch Spiegelreflexkameras. Angeführt von Nikon wurde dieser Markt bald von japanischen Herstellern dominiert. Sie boten nicht nur ein umfangreiches Objektiv- und Zubehörsystem an, sondern auch eingebaute Belichtungsmesser, die ab ca. 1960 sogar die automatische Belichtung des sich immer weiter verbreitenden Farbfilms übernahmen.

In anderen Fotografiebranchen wurde man als Profi erst ernst genommen, wenn man auf Rollfilm fotografierte. Die »zweiäugige« Rolleiflex mit einem Objektiv für den Sucher und einem für die Belichtung des Films war bereits vor dem Krieg erfunden worden und in den 1950er-Jahren weit verbreitet. Der nach unten geneigte Kopf des von oben nach unten in die Kamera blickenden Fotografen blieb noch bis zum Ende des 20. Jahrhunderts das Erkennungszeichen vieler Mode-, Porträt- und mancher Pressefotografen. Zwar konnte man auf dem sechs Zentimeter breiten Rollfilm nur zwölf Aufnahmen machen, von ihnen ließen sich aber problemlos große Abzüge herstellen. Der Fotograf sah seine Motive im Sucher seitenverkehrt und als Quadrat, was bei der Bildkomposition berücksichtigt werden musste. Einer, der dieses ungewöhnliche Format zur Meisterschaft kultivierte, war Fritz Henle.

Die Alternative zur Rollei bildete die schwedische Hasselblad: Höchste Präzision, ergonomisches Design und hoher Preis machten die würfelförmige Rollfilmkamera begehrenswert und führten dazu, dass sie 1969 sogar auf dem Mond eingesetzt wurde. Japanische Firmen wie Mamiya schafften es aber bereits in den 1960er-Jahren, auch in diesem Marktsegment westliche Hersteller in wirtschaftliche Schwierigkeiten zu bringen. Das eigentliche Profigerät eines Fotografen jener Zeit war jedoch die seit dem 19. Jahrhundert bewährte, unhandliche und meist unter einem schwarzen Tuch zu bedienende Großformatkamera, manchmal auch Plattenkamera genannt. Sie bot in der aufstrebenden Sach-, Werbe- und Architekturfotografie die perfektesten Kontrollmöglichkeiten für Schärfe und Perspektive. Ihre Negative im Format 9 x 12, 13 x 18 oder sogar 18 x 24 cm waren nahezu unbegrenzt vergrößerungsfähig. Jede Aufnahme erforderte einen eigenen Film, von denen eine Kassette immer nur zwei vorrätig halten konnte. In Deutschland war es seit 1946 die Linhof Technika, die als quadratisch-kompakter Aluminiumkasten, aus dem sich ein hochpräzises Innenleben herausklappen ließ, Maßstäbe setzte. Ihr größter Konkurrent kam aus dem Hause Plaubel, wo man die Kamerabauteile nicht in einen Kasten, sondern auf ein Rohr montierte. Dieses Prinzip der optischen Bank führte zu noch größerer Flexibilität bei der Perspektiv- und Schärfekontrolle und wird bis heute genutzt.

Licht

1963 staunte der Profi über eine Neuerung auf dem Lampenmarkt: Das Halogenlicht lieferte bei geringem Stromverbrauch eine deutlich höhere Lichtausbeute als die bis dahin verwendeten Nitraphot-Lampen. Die Lebensdauer der kleinen Lämpchen betrug nicht, wie bei ihren unförmigen Vorgängern, nur wenige hundert, sondern etliche tausend Stunden. Noch wichtiger aber war, dass die Halogenlampe über ihre gesamte

Lebensdauer die gleiche Lichtfarbe abstrahlte, was es in der immer wichtiger werdenden Farbfotografie leichter machte, Fotos ohne Farbstiche zu liefern. Was sich nicht so schnell änderte, waren die hohen Temperaturen im Fotostudio: Wer bewegte Objekte im Studio aufnehmen wollte, brauchte viele tausend Watt an Leistung. Wurden die aufzunehmenden Flächen größer, wie in Werkshallen, dann verließ man sich weitgehend auf das vorhandene Licht und versuchte nur punktuell, allzu dunkle Bereiche durch verdeckt platzierte Lampen aufzuhellen.

Elektrisches Blitzlicht, obschon seit dem Zweiten Weltkrieg bekannt, wurde dagegen in den Fotostudios der 1950er-Jahre noch kaum benutzt. Selbst in den 1960ern arbeitete man noch viel mit Glühlampen, denn die Elektronenblitzanlagen für Studios waren groß, schwer und teuer. Tragbare kleine Geräte, zunächst noch mit separatem Akku, fanden dagegen bei Reportern schnell Verbreitung und lösten die Blitzbirnchen ab, die nach jedem »Schuss« gewechselt werden mussten.

Aufnahmematerialien

Seit der Jahrhundertwende hatten die Fotochemiker bei Agfa, Kodak und in vielen kleineren Unternehmen große Fortschritte bei der Empfindlichkeitssteigerung der Aufnahmematerialien gemacht. Die ersten Schwarz-Weiß-Kleinbildfilme, wie sie für die Leica benötigt wurden, hatten vor dem Krieg noch eine Empfindlichkeit von ISO 2,5 oder 10, was gutes Wetter oder viel Studiolicht erforderte. Das steigerte sich in den 1940er- und 1950er-Jahren auf ISO 25 bis 50 und erreichte schließlich in den 60ern ISO 400. Die hohe Empfindlichkeit, die Aufnahmen aus freier Hand nun auch in einigermaßen hellen Innenräumen möglich machte, erkaufte man sich aber mit grobem Filmkorn, was allenfalls im Journalismus toleriert wurde. Im Studio blieb man deshalb eher bei Filmempfindlichkeiten von ISO 25 bis 50 und benutzte lieber ein Stativ. Bei Farbfilmen lagen die Empfindlichkeiten ähnlich niedrig.

Laborarbeit

Schwarz-Weiß-Filme entwickelte der Fotograf häufig selbst, weil sich durch Variationen bei den Entwicklerrezepturen erhebliche Unterschiede in der von Empfindlichkeit, Körnigkeit und Kontrast bestimmten Bildästhetik erreichen und beim Herstellen des Abzugs in der eigenen Dunkelkammer weiter kontrollieren ließen. Während die Möglichkeiten zur Abstraktion in der schwarz-weißen Fotowelt zum wichtigen Gestaltungsmittel wurden, hatte die farbige Abbildung dagegen möglichst naturgetreu zu sein. Das zu garantieren, war nicht leicht, denn geringste Abweichungen von den Herstellervorgaben für Entwicklungstemperatur oder -zeit bestrafte das Material mit verfälschter Farbwiedergabe.

So entstanden ab Mitte der 1960er-Jahre spezialisierte Fachlabore für Berufsfotografen, die diese zunehmend komplizierte Arbeit übernahmen. So blass und farbstichig, wie die Originalfotos jener Zeit heute erscheinen, waren sie damals jedoch bei weitem nicht. Die mangelnde Beständigkeit der Farbstoffe in den Abzügen, Dias und Negativen sollte noch bis zur Mitte der 1980er-Jahre ein Problem bleiben und wurde erst verbessert, als unabhängige Tests die schlechte Haltbarkeit der Farbmaterialien bewiesen hatten.

Ende der 1960er-Jahre hatte die Farbfotografie einen ganz erheblichen Anteil des Fotomarktes übernommen. Auch die Drucktechnik war nun immer besser in der Lage, Farben sogar im Massendruck in der nötigen Reinheit wiederzugeben. Davon profitierte zunächst die Mode- und schließlich die gesamte Werbefotografie. Spezialisierte Großstudios entstanden und wer die Zeichen der Zeit erkannt hatte, der konnte jetzt den Grundstein legen für einen großen wirtschaftlichen Erfolg.

6
Fritz Henle
Im Hüttenwerk
Rheinhausen,
August 1964

Als Fremder im Werk. Anmerkungen eines Industriefotografen

Uwe Niggemeier

Werksfremde Fotografen waren in den 1950er- und 1960er-Jahren im Gegensatz zu heute eher die Ausnahme als die Regel. In dieser Zeit unterhielten Großbetriebe der Schwerindustrie eigene umfangreiche fotografische Abteilungen und waren dadurch in der Lage, alle Aspekte der Werksfotografie intern abzudecken – von der technischen Dokumentation über die Werbung bis hin zur Illustration sozialer und kultureller Veranstaltungen. Dennoch luden Industriekonzerne wie die Firma Krupp in den 1950er- und 1960er-Jahren auch externe Fotografen ein. Gleichzeitig erhielt das Unternehmen Anfragen von außen, denen man in den meisten Fällen zustimmte. Für einen nicht in der Schwerindustrie ausgebildeten Fotografen stellte ein solcher Auftrag ein Abenteuer dar, weil er mit unerwarteten Schwierigkeiten konfrontiert wurde. In der herkömmlichen Studio- oder Landschaftsfotografie konnten Fotografen die Parameter der eigenen Arbeit weitgehend selbst beeinflussen oder zumindest solange warten, bis ihnen die Rahmenbedingungen wie natürliches Licht geeignet erschienen. Dagegen waren Fotografen in der Stahlindustrie mit ihren Großanlagen den Unwägbarkeiten des Produktionsprozesses ausgeliefert. Die gewohnte, weitgehend freie Wahl des Aufnahmestandpunkts war aufgrund der zahlreichen Gefahrenquellen in den Werken nicht gegeben. Darüber hinaus stellte der Fotograf natürlich einen Störfaktor im Produktionsablauf dar.

Vibrationen, verursacht durch Kräne und Motoren, sowie schwankende Arbeitsbühnen machten den Einsatz klassischer Landschafts- und Studiokameras mit ihren großen Formaten und entsprechend langen Belichtungszeiten oft unmöglich. Kürzere

Belichtungen durch den Einsatz von Kunstlicht waren in den riesigen Werkshallen nur mit immensem Aufwand und in Absprache mit der Betriebsleitung zu realisieren. Vermutlich hatten die wenigsten externen Fotografen, sofern sie überhaupt darauf vorbereitet waren, die Gelegenheit, derartige Vorkehrungen zu treffen. Die Arbeit mit dem »available light« dürfte zumindest in Stahlwerken die Regel gewesen sein. Hieraus ergaben sich Schwierigkeiten für die Belichtungsmessung: Diese war durch oft sekündlich wechselnde Lichtverhältnisse bei Roheisen- oder Stahlabstichen, Kranbewegungen etc. und dem üblicherweise einzuhaltenden Sicherheitsabstand nicht einfach. Die Kontrastverhältnisse waren in den spärlich beleuchteten Hallen der Nachkriegszeit eine weitere Herausforderung. Eine gute Durchzeichnung von Lichtern und Schatten, also ein perfekt belichtetes Bild, konnte besonders in Stahl- und Walzwerken kaum erzielt werden.

Falls schon in Farbe fotografiert wurde, also auf Farbnegativ oder Diafilm, war das für Industriehallen typische Mischlicht problematisch, sofern natürlich wirkende Farben erzielt werden sollten. Wer es gewohnt war, entweder im Freien mit Tageslichtfilm oder in Räumen mit Kunstlichtfilm zu arbeiten, dürfte mit der Bandbreite der Farbtemperaturen aus verschiedensten Lichtquellen, wie z. B. im Stahlwerk, große Probleme bekommen haben.

Die Farbfilme der Nachkriegsära waren in Schärfe und Auflösung ihren monochromatischen Brüdern noch deutlich unterlegen und neigten darüber hinaus zu Farbverschiebungen; jede Marke hatte ihren eigenen charakteristischen Farbstich. Neben ästhetischen Beweggründen war es daher auch schlichtweg einfacher, gleich in Schwarz-Weiß zu fotografieren. Die Farbfotografie in der Schwerindustrie war deshalb in den 1950er- und 1960er-Jahren noch die Ausnahme.

Auch ein unverfälschter Blick auf den Arbeitsalltag der in der Schwerindustrie Beschäftigten war aufgrund langer Belichtungszeiten in den dunklen Hallen problematisch. Durch den Einsatz von Blitzlicht konnte zwar Abhilfe geschaffen werden, das Blitzlicht zerstörte jedoch zugleich die typische Atmosphäre, die durch die besondere Farbgebung entstand. Neben diesen eher technischen Aspekten gilt es auch die soziale Situation zu berücksichtigen, in die sich ein externer Fotograf begab. Seine Anwesenheit im Betrieb mag für die Beschäftigten eine willkommene Abwechslung vom

Arbeitsalltag dargestellt haben. Die wenigsten Arbeiter konnten sich aber vor einer Kamera unbefangen bewegen, was vielen Bildern auch anzusehen ist. Als Alternative dazu konnte die Situation des »Fotografiertwerdens« auch demonstrativ in den Mittelpunkt der Bildgestaltung gestellt werden, etwa indem man Beschäftigte vor ihren Arbeitsplätzen posieren ließ.

Diese Probleme waren dem erfahrenen Werksfotografen natürlich bekannt und er wusste damit umzugehen. Er hatte noch einen weiteren wichtigen Vorteil gegenüber dem externen Fotografen: Er kannte die Arbeitsabläufe im Werk und wusste, was er fotografierte. Allerdings führte diese Vertrautheit nicht unbedingt dazu, dass Werksfotografen per se bessere Bilder machten. Der Blick auf das vermeintlich Unwichtige im Produktionsablauf, die ästhetisierende Darstellung der Technik und vor allem der Reportagestil in der Tradition der sozialdokumentarischen Fotografie unterscheiden die Bilder der Externen von der klassischen Werksfotografie.

Wer im Auftrag der Industrie fotografierte, gab die Entscheidung über die Verwendung seiner Aufnahmen ab. Die Frage, welche Bilder von der Firma Krupp nicht freigegeben wurden bzw. welche Entscheidungswege begangen wurden, ist höchst interessant, aber vielfach nicht exakt zu recherchieren. Während bei solchen Entscheidungen in den 1950er- und 1960er-Jahren vermutlich noch die Wahrung von (vermeintlichen) Betriebsgeheimnissen im Vordergrund gestanden haben dürfte, geht es heutzutage eher um eine makellose Außendarstellung der Firmen, eine Corporate Identity, in der die Darstellung von Arbeit und Produktion nur noch eine geringe Bedeutung hat. Das archaisch anmutende Bild der Schwerindustrie, in der Hitze, Lärm und Schmutz immer noch unvermeidlich sind, wird heute oft durch Aufnahmen von Laboren, Forschungseinrichtungen oder perfekt in Szene gesetzten Produkten ersetzt. Heute haben die meisten Unternehmen der Schwerindustrie im Zuge der Kostenreduzierung ihre fotografischen Abteilungen aufgelöst oder minimiert. Technische Dokumentationen werden von den Beschäftigten vor Ort digital durchgeführt, neue Anlagen und Produkte von externen Berufsfotografen fotografiert. Das Interesse der künstlerischen Fotografie an der Schwerindustrie hat zudem mit ihrer abnehmenden gesellschaftlichen Relevanz nachgelassen. So führt die Industriefotografie in unserer modernen Dienstleistungsgesellschaft nur noch ein Nischendasein.

Die Unternehmen haben sich seit den 1990er-Jahren für Besucher geöffnet, sicher auch um der schwindenden Akzeptanz der Schwerindustrie in der Gesellschaft entgegenzuwirken. Doch der externe Fotograf hat für seine Dokumentationen nur einen, selten zwei Tage Zeit. Denn die Personaldecke ist bei den meisten Firmen inzwischen soweit ausgedünnt, dass eine längere Betreuung selten möglich ist. Das war für die Fotografen der 1950er- und 1960er-Jahre sicherlich noch deutlich komfortabler.

Meine eigenen Dokumentationen sind überwiegend keine Auftragsarbeiten, was mich meist in die angenehme Lage versetzt, nur das zu fotografieren, was mich auch ästhetisch anspricht. Die fotografische Arbeit im Werk hat sich für mich durch die Digitalisierung der Fototechnik nicht grundlegend verändert. Um eine möglichst große Farbtiefe und die volle Auflösung des Sensors zu erzielen und zur Vermeidung von digitalen Artefakten arbeite ich nach wie vor mit langen Belichtungszeiten und fast ausschließlich vom Stativ. Große Analogfilmformate haben nach wie vor einen deutlich höheren Dynamikumfang als die Sensoren von Digitalkameras. Sie können also Strukturen auch bei extremen Helligkeitsunterschieden, wie sie für Motive in der Stahlindustrie typisch sind, besser abbilden. Erst die letzte Generation hochauflösender Sensoren hat mich zu einem Wechsel in die Digitalfotografie bewogen. Unter den extremen Aufnahmebedingungen in der Schwerindustrie stellt aber jeder Kameratyp nur einen Kompromiss dar.

Obwohl Industriefotografen heute immer noch in Kalendern oder Firmenbroschüren publizieren können, ist mittlerweile das Internet der Hauptverbreitungsweg und die Referenz für ihre Arbeiten. Gerade für ein inzwischen so exotisches Genre wie die Industriefotografie ist es der ideale Weg, um Gleichgesinnte und Interessierte weltweit auf sich aufmerksam zu machen und schnell Kontakte zu Unternehmen zu knüpfen. Die wesentlichen Nachteile der Präsentation von Fotografien im Internet sind allerdings die geringe Abbildungsqualität und die Gefahr von Urheberrechtsverletzungen, die inzwischen fast alltäglich sind. Aus meiner Sicht bleibt das langfristige Ziel einer Fotodokumentation der Stahlindustrie auch heute noch, wie schon vor 60 Jahren, eine hochwertige analoge Publikation in Form eines Bildbandes.

7
Alfons Bobkowski
Schichtwechsel,
Maschinen-
und Stahlbau,
Rheinhausen,
12.11.1964

8
Erich Lessing
Alfried Krupp von Bohlen und Halbach, Berthold Beitz und das Krupp-Direktorium
in der Eingangshalle der Villa Hügel, 26.11.1955

Erich Lessing bei Krupp. Interview mit dem Magnum-Fotografen

1955 erhielt Erich Lessing von der amerikanischen Illustrierten Fortune den Auftrag für eine Fotoreportage über die Firma Krupp. Daran schlossen sich Aufträge des Unternehmens an. So entstanden bis 1962 in den Krupp-Werken in Essen, Duisburg und Bremen mehr als 1.300 Fotografien, die heute im Historischen Archiv Krupp aufbewahrt werden.[1]

Fotografen und ihre Aufträge

»Als ich 1947 begann in Europa zu fotografieren, gab es im deutschsprachigen Raum 15 wöchentlich erscheinende Zeitschriften: Stuttgart hatte drei Zeitschriften, Wien hatte drei Zeitschriften, München auch drei oder vier. Es gab einen ungeheuren Bedarf an Fotografien, immer wurde neues Material gesucht. Arbeit war da, gezahlt wurde nichts – schon damals nicht.«

»…wir saßen bei Fortune und der damalige Chefredakteur fragte mich, ob es mich interessieren würde, etwas über Krupp zu machen. Er brauche meinen persönlichen ‚background'. Krupp habe jetzt einen neuen Generaldirektor. Vielleicht interessiere mich dieser Auftrag als politischer Fotograf. Ich stimmte zu, denn das interessierte mich sogar sehr. Und dann habe ich mich mit Krupp in Verbindung gesetzt.«

»Im Laufe der Tage, die ich mich im Werk herumgetrieben habe, begegnete ich zum ersten Mal Berthold Beitz. Diese Begegnung war für mich persönlich sehr wichtig. 1955 war alles neu – in einer Zeit, als die Welt noch offen war, zwischen dem Unternehmer und dem Fotografen. Es hat sich dann, ganz sonderbar, ein für mich sehr enges Verhältnis zu Berthold Beitz entwickelt.«

»Bevor ich den Fortune-Auftrag beendet hatte, fragte mich Berthold Beitz, ob ich nicht etwas über Krupp machen wolle. Ich habe damals gezögert, denn dieses Angebot erschien mir ein bisschen als Wiedergutmachung oder Einkauf. Doch die Neugier überwog. Ich vermutete, dass es interessant wäre, zu sehen, wie dieses Familienunternehmen funktioniert. Mich reizte vor allem die Möglichkeit, überall ‚hineinzukriechen'. Ich habe tatsächlich ein paar sehr lustige Sachen gemacht – wie zum Beispiel das gesamte Direktorium mit Alfried Krupp von Bohlen und Halbach in der Villa Hügel zu arrangieren."

Erich Lessing und Berthold Beitz

»Die Begegnung mit Berthold Beitz war für mich ein wichtiges Ereignis in meinem Leben – kein vorbeigehendes. In der kurzen Zeit in Essen besuchte ich ihn ein paar Mal in seinem Privathaus. Dort entstanden Bilder, mit Jagdgewehr, die ihn aber nicht interessierten. Ich konnte damals, dank ihm, eigentlich machen, was ich wollte. Und ich glaube, dass ich es nicht übermäßig ausgenutzt habe.«

»In den Werken konnte ich mich frei bewegen. Ich habe gesagt, ich möchte gern nach Duisburg fahren oder ich bin gerade wieder mal in Bonn, weil ich irgendetwas über den Kanzler mache, und möchte ganz gerne morgen ins Werk fahren. Das war kein Problem. Ich habe mich nur angemeldet.«

»Ich war dann oft in Essen. Wir haben viel über Publicity gesprochen. Damals – in den 1950er-Jahren – begann man erst darüber nachzudenken. Ich schlug Berthold Beitz vor, nachdem Krupp eine Unmenge von Schriften herausgegeben hatte, etwas Neues zu versuchen, die Geschichte der Firma Krupp visuell aufzuarbeiten. Die Leute lesen ja nicht. In der Folge entstand das Fotobuch über die AG »Weser« – ein schönes Unikatexemplar. Das war ein Vorschlag, aus dem dann leider nichts geworden ist. Wie viele Projekte, die man damals entwickelt hat, verlief auch dieses sehr schnell im Sande.«

»Die Krupp-Bilder waren für mich sehr wichtig, da sie ein wichtiger Teil der Nachkriegszeit sind. Oder besser gesagt, es waren drei Punkte, die für mich wichtig waren: das neue Berlin mit dem Kurfürstendamm als Hauptstadt, die Ruhr und Konrad Adenauer und sein Umfeld.«

»Krupp war in jeder Beziehung für mich singulär.«

»Ich habe ein Bild, das ich in allen Ausstellungen verwende. Es zeigt den Kohlenhafen in Rheinhausen, mit schweren Dunstwolken über dem Rhein. Damals sagte man, wunderbar, die Schlote rauchen wieder; heute sagt man, schrecklich, die Schlote rauchen.«

Die Freiheit des Fotografen

»Will man mit Fotografie dokumentieren, muss man versuchen, zu verstehen, was sich abspielt. Mit Verstand und mit Verstehen kann man den Menschen näher kommen. Ich habe den großen historischen Vorteil, den meisten Politikern, Entscheidern, sehr nahe gekommen zu sein, dies jedoch immer mit einer gewissen Distanz. Ich glaube, dass ich mir dadurch Achtung verschafft habe. Ich bin nie in die Privatsphäre der Menschen unangenehm eingedrungen. Das hat sich herumgesprochen. So hatte ich fast überall uneingeschränkten Zugang.«

»Der Werksfotograf muss das Werk dokumentieren, egal ob es langweilig ist oder nicht. Er hat die Aufgabe eine Maschine zu fotografieren, weil sie ein Exportschlager ist […] und das Foto für einen bestimmten Zweck verwendet werden soll. Bei den freien Fotografen ist das ganz anders. Das hat nicht nur mit Kreativität zu tun, sondern vor allem mit Freiheit. Ich habe die Möglichkeit zu machen, was mich interessiert.«

»Ich bin der Fotograf ohne Kamera. Ich gehe ganz einfach spazieren. Das gefällt mir. Ich gehe und ich schaue. Es ist durchaus möglich, dass ich sehr viel versäume. Aber das, was ich sehe, habe ich gesehen.«

»Wenn man ein wirkliches, ein totales fotografisches Dokument machen will, dann lässt man sich treiben.«

»Diese Fotografien zu Krupp sind mehr als 60 Jahre alt, und sie haben heute noch dieselbe Dokumentenwichtigkeit, die sie damals hatten. Vielleicht sind sie heute sogar noch bedeutender.«

»Es gab damals keinen Vertrag. [...] Vielleicht hat man mal irgendwo etwas unterschrieben, aber man hat es nicht einmal gelesen.[...] Eigentlich lief immer alles mündlich. Geklärt wurde nur, ob die Negative beim Auftraggeber abgeliefert werden mussten.«

Das Ende der Fotoreportage

»Ich bin der Ansicht, dass mit Beginn des Digitalen das Ende der Dokumentarfotografie erreicht ist. Das ist nicht als Abwertung gemeint. Es handelt sich ganz einfach um ein anderes Medium. Eine echte Reportage mit der Leica wäre heute nicht mehr möglich.«

»Die Idee des freien Fotografen ist vorbei. Damals konnte man noch sagen, das ist eine interessante Idee. [...] Heute ist das keine Reportage mehr mit 16 Seiten wert, sondern nur ein einzelnes Bild. Folglich wird alles Auftragsarbeit, und Auftragsarbeit ist eigentlich nicht kreativ. Die Zeit der Fotoreportage ist vorbei. Was jetzt kommen wird, ist etwas ganz Neues.«

[1] Am 4. April 2011 führte Ralf Stremmel, Historisches Archiv Krupp, in Wien ein Gespräch mit Erich Lessing. Anlass war die Vorbereitung der Ausstellung »Krupp. Fotografien aus zwei Jahrhunderten«. Die vorliegenden Auszüge aus dem Gespräch hat Ute Kleinmann zusammengestellt und bearbeitet. Für die Abdruckgenehmigung danken wir Herrn Erich Lessing.

Fotografien 1949 – 1967

Zerstörung und Wiederaufbau

9
Kleinbau 1 während der Demontage,
25.3.1949

10
Alfried Krupp von Bohlen und Halbach und seine Frau Vera
besuchen die Hauptverwaltung,
12.3.1953

11
Eröffnung der Krupp-Konsum-Verkaufsstelle in Essen-Steele,
16.7.1951

12
Fertigstellung des 100. Krupp-LKWs nach dem Krieg,
1952

13
Alfons Bobkowski
Alfried Krupp von
Bohlen und Halbach
nach seiner Rückkehr
aus Indien,
1958

14
Krupp-Stand, Hannover Messe,
1957

15
Empfangshalle
in den Krupp-
Elektrowerkstätten,
1953

16
Stenotypisten-Lehrlinge
vor der Krupp-
Hauptverwaltung,
Juni 1961

17
Einweihung des Bertha-Schwesternwohnheims beim Krupp-Krankenhaus, 14.7.1958

18
Alfons Bobkowski
Blick auf die
Krupp-Wohnsiedlungen
Alfredshof und
Alfredspark,
um 1960

19
Fertigstellung
des 100.000.
Krupp-Heizkessels,
3.3.1966

20
Kruppsche Bücherhalle,
25.9.1956

21
Kantine in der Lehrwerkstatt, Hüttenwerk Rheinhausen,
13.9.1956

22
Jubilare im Privathaus von Alfried Krupp von Bohlen und Halbach,
April 1965

23
Alfons Bobkowski
Bau von Diesellokomotiven V 60,
19.10.1965

24
»Automatische Kantine« in der Lokomotivfabrik,
um 1965

25
Parkplatz vor der Villa Hügel,
19.9.1956

26
Rene Burri
Ausstellung »5000 Jahre Ägyptische Kunst« in der Villa Hügel,
1961

27
König Bhumibol und Königin Sirikit von Thailand zu Gast bei Krupp,
27.7.1960

28
Rene Burri
Jugendliche im Park
der Villa Hügel,
1961

29
Bundespräsident Theodor Heuss und
Alfried Krupp von Bohlen und Halbach,
1.6.1959

30
Jubilarehrung im
Essener Saalbau,
25.3.1961

31
Erich Lessing
Alfried Krupp von Bohlen und Halbach und Berthold Beitz,
1957

32
Berthold Beitz und der
österreichische Vizekanzler Bruno Pittermann,
16.3.1960

Fotojournalisten im Werk

33
Erich Lessing
In der Schmiede,
1961

34
Erich Lessing
In der Schmiede,
1961

35
Rene Burri
E-Lokomotivbau
in den Krupp-
Maschinenfabriken,
1961

36
Rene Burri
Rahmenbau in den Krupp-Maschinenfabriken,
1961

37
Erich Lessing
Schiffswerft AG »Weser«,
1961

38
Erich Lessing
Montage einer
Schiffsschraube,
AG »Weser«,
1961

Neues Sehen

39
Fritz Fenzl
Stabbogenbrücke, Duisburg-Rheinhausen,
1960

40
Albert Renger-Patzsch
Krupp-LKW, Detail,
um 1953

41
Fritz Henle
In der Gießerei am Kupolofen,
August 1964

42
Fritz Henle
Kokillenguss,
1966

43
Fritz Henle
Hüttenwerk Rheinhausen,
1964

44
Fritz Henle
Schiffswerft AG »Weser«,
1964

Menschen am Arbeitsplatz

45
Robert Lebeck
Ferritmessraum in der Widia-Versuchsanstalt,
1965

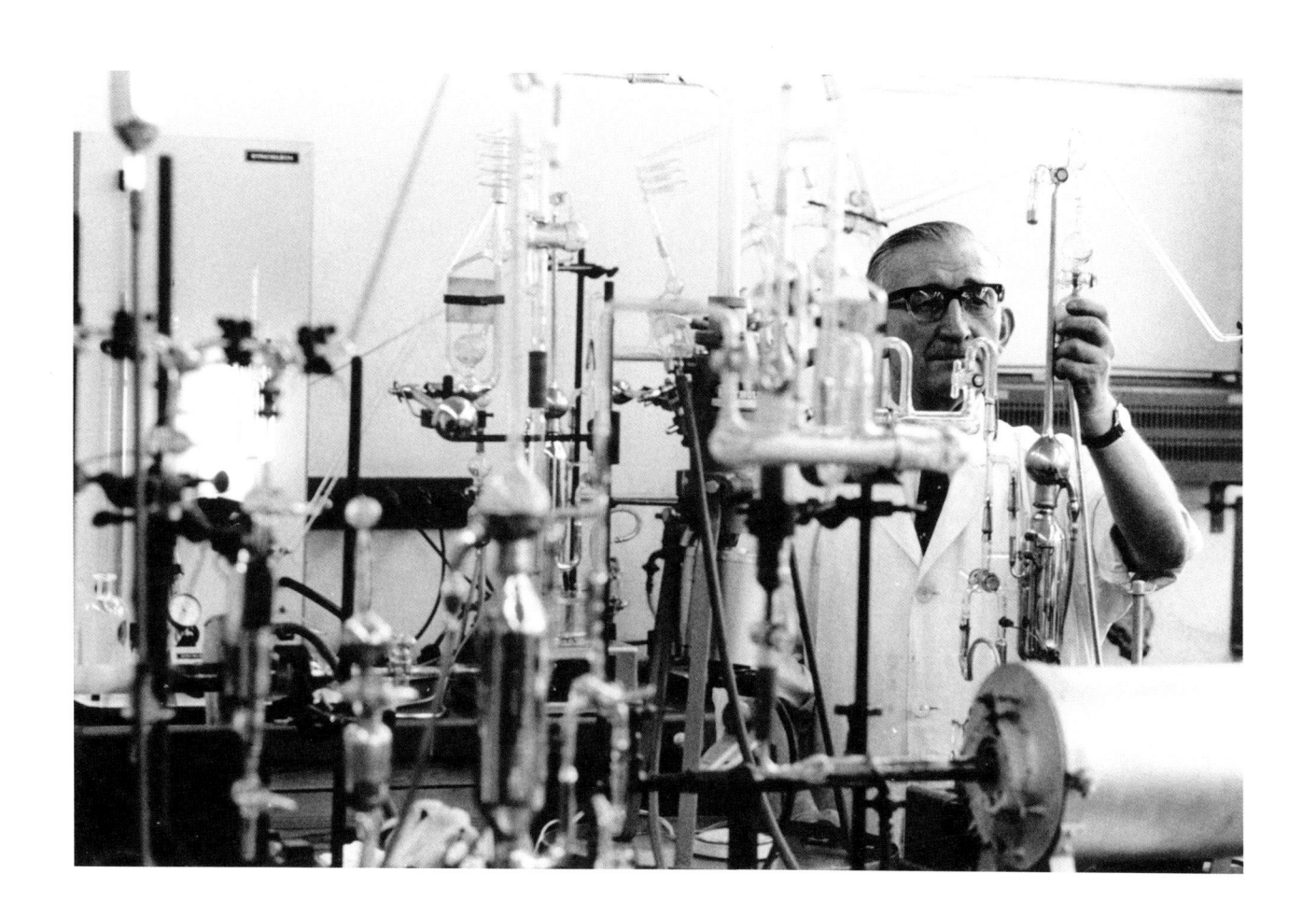

46
Robert Lebeck
Bestimmung von Gasen in Metallen in der Widia-Versuchsanstalt,
1965

47
Alfons Bobkowski
Feierabend bei Familie Keller; aus der Bildserie »Ein Tag im Leben von ...«,
1960

48
Alfons Bobkowski
Ingenieure und Facharbeiter aus Indien bei Krupp,
1961

49
Hilmar Pabel
In der Lehrwerkstatt,
1965

50
Erich Lessing
Betriebsversammlung in den Krupp-Maschinenfabriken,
5.5.1964

Fotografen

Rene Burri
9. April 1933 Zürich;
lebt in Paris und
Zürich

Von 1949 bis 1953 studiert Burri an der Kunstgewerbeschule Zürich, seit 1955 ist er als freier Fotograf tätig. 1959 wird er Mitglied der Fotoagentur Magnum. In den Folgejahren werden seine Fotografien in Zeitschriften wie Life, Look, Bunte, Stern, GEO, Paris Match, Schweizer Illustrierte und DU veröffentlicht. Seine Fotoreportagen der Weltpolitik und des Alltagslebens zählen zum fotografischen Gedächtnis der Welt. Neben Reisereportagen entstehen umfangreiche Fotoessays wie z. B. über die Deutschen (1960/1962) oder die NASA (1986). Mit seiner Leica porträtiert Burri zahlreiche Persönlichkeiten, immer bemüht, das Charakteristische der jeweiligen Person festzuhalten.

Fotografien zum Thema Krupp, 1960 bis 1967:
Alfried Krupp von Bohlen und Halbach; Berthold Beitz; Firmenleitung; Jubilarfeier im Essener Saalbau; Mitarbeiterporträts; Stammhaus; Villa Hügel; Ausstellung »5000 Jahre Ägyptische Kunst«, Villa Hügel; Werksanlagen: Hüttenwerk Rheinhausen, Essen, Campo Limpo (Brasilien).

Fritz Fenzl
8. Mai 1916 Forbach/
Lothringen –
20. Februar 2013
München

Zum Werdegang von Fritz Fenzl, seinen Auftraggebern und fotografischen Schwerpunkten ist leider nur wenig bekannt. Überliefert ist eine Publikation mit seinen Fotografien, die von der Firma Krupp gefördert und mit einem Vorwort der Firmenleitung versehen ist: Fritz Fenzl, Helmuth de Haas u. a.: Wir im Ruhrgebiet, Stuttgart / Berlin 1960. Es handelt sich um eine Sonderausgabe von: Fritz Fenzl, Helmuth de Haas u. a.: Ruhrgebiet. Porträt ohne Pathos, Stuttgart / Berlin 1959.

Fotografien zum Thema Krupp, 1960:
Alfried Krupp von Bohlen und Halbach; Konsumanstalt; Werksanlagen; Stahlbau.

Fritz Henle
9. Juni 1909
Dortmund –
31. Januar 1993
Virgin Islands
(USA)

Fritz Henle startet seine Karriere in den 1920er-Jahren als Autodidakt. Ab den 1930er-Jahren ist er als Reisefotograf in Asien, Mexiko, den USA und in der Karibik unterwegs. Seine Aufnahmen veröffentlicht er in zahlreichen Fotobildbänden. 1936 emigriert Henle in die USA und lebt bis 1948 in New York. Dort ist er in den 1940er- und frühen 1950er-Jahren als Mode-Fotograf tätig. Bereits ab 1937 arbeitet Henle als freier Fotojournalist für verschiedene amerikanische Magazine wie Life, Holiday, Fortune und Harper's Bazaar. 1958 lässt er sich auf der amerikanischen Jungferninsel St. Croix nieder. Durch seine Vorliebe für die Rolleiflex-Kamera erhält er den Spitznamen »Mister Rollei«, sein gestalterisches Markenzeichen ist das quadratische Bildformat. Neben seinen reisefotografischen Bildbänden veröffentlicht Henle 1956 das für Fotoamateure wegweisende Buch »Fritz Henle's Guide to Rollei Photography« (dt. Übersetzung »Mit den Augen eines Rolleigrafen«, 1964).
Fotografien zum Thema Krupp, 1961 und 1964:
Werksanlagen: Essen, Hüttenwerk Rheinhausen, AG »Weser«, Bremen; Mitarbeiterporträts; Konsumanstalt; Berthold Beitz; Villa Hügel; Siedlung Altenhof, Essen; Pensionäre.

Robert Lebeck
21. März 1929
Berlin;
lebt in Berlin

Nach Kriegsdienst und amerikanischer Gefangenschaft beschäftigt sich Robert Lebeck seit Anfang der 1950er-Jahre autodidaktisch mit Fotografie. Ab 1955 arbeitet er für die Illustrierten Revue und Kristall. Bekannt wird Lebeck 1960 durch eine Fotoreportage über das Ende der belgischen Kolonialherrschaft im Kongo. In den Folgejahren hält er gesellschaftliche Ereignisse fest und porträtiert die Prominenz seiner Zeit. Lebeck steht von 1966 bis 1995, mit kurzer Unterbrechung bei GEO, im Dienst des Stern. In der goldenen Zeit des Magazinjournalismus bereist Lebeck die Welt und beobachtet mit seinen Fotoreportagen eindringlich das Alltägliche mit dem ihm eigenen Gespür für den besonderen Moment. Er ist als freier Fotograf tätig und sammelt historische Fotografien.
Fotografien zum Thema Krupp, 1963 und 1965:
Berthold Beitz; Direktorium; Institut für Forschung und Entwicklung; Kernforschungsanlage Jülich.

Erich Lessing
13. Juli 1923
Wien;
lebt in Wien

In Wien geboren, als Jugendlicher vor den Nationalsozialisten nach Palästina geflohen, beginnt Erich Lessing seine Karriere Ende der 1940er-Jahre als Fotoreporter bei der amerikanischen Nachrichtenagentur Associated Press. 1951 wird er Mitglied der Pariser Fotoagentur Magnum. Lessing arbeitet für die wichtigsten europäischen und amerikanischen Zeitungen und Magazine wie Life, Paris Match, Fortune oder Quick. Mit seinen Fotografien hält er weltpolitische Ereignisse wie den Österreichischen Staatsvertrag 1955 oder den Ungarischen Volksaufstand 1956 fest. Er fotografiert bei Gipfelkonferenzen und porträtiert als Zeitzeuge in unzähligen Reportagen Menschen und Regionen in der Zeit nach dem Zweiten Weltkrieg. Sein Interesse an der Bildenden und Darstellenden Kunst spiegelt sich in Fotografien von Filmsets, Theater-Festspielen und Künstlerporträts, aber auch in Bildbänden zur europäischen Kunst- und Kulturgeschichte, die er ab den 1960er-Jahren publiziert.

Fotografien zum Thema Krupp, 1955 bis 1962:
Werksanlagen: Essen, AG »Weser«, Bremen, Hüttenwerk Rheinhausen; Alfried Krupp von Bohlen und Halbach; Berthold Beitz; Direktorium; Arbeiterstudien; Lehrlinge; Produkte; Wohnsiedlungen; Konsumanstalt.

Hilmar Pabel
17. September 1910
Rawitsch/Posen –
6. November 2000
Alpen b. Wesel

Als Autodidakt fotografiert Hilmar Pabel bereits in den 1930er-Jahren freiberuflich für verschiedene Zeitungen wie z. B. die Neue Illustrierte Zeitung, Die Koralle und Erika tätig. Während des Zweiten Weltkrieges arbeitet er als Kriegskorrespondent und Fotograf einer deutschen Propagandakompanie. Nach 1945 ist er Initiator der Kindersuchaktion des Roten Kreuzes. Er arbeitet von 1948 bis 1962 für die Illustrierte Quick, für die er zahlreiche Reisereportagen macht. Seine Fotoberichte werden aber auch von Paris Match und Life abgedruckt. Von 1962 bis 1971 zählt er zur Fotografenequipe des Stern. Nach 1971 ist er wieder als freier Fotograf tätig. Bekannt wird Pabel durch sein 1954 erschienenes Buch »Jahre unseres Lebens«, in dem er Bilder aus 15 Jahren Kriegs- und Nachkriegszeit zusammenfasst. Nachdem er in den frühen 1990er-Jahren wegen seiner Tätigkeit im »Dritten Reich« angegriffen wird, zieht er sich aus der Öffentlichkeit zurück.

Fotografien zum Thema Krupp, 1963 bis 1968:
Lehrlinge; Posener Messe; Berthold Beitz; Krupp in Kairo; Firmenleitung.

Albert Renger-Patzsch

22. Juni 1897
Würzburg –
27. September 1966
Wamel/Möhnesee

Nach Kriegsdienst im Ersten Weltkrieg beginnt Albert Renger-Patzsch ein Chemiestudium, bricht dieses jedoch ab und übernimmt um 1920/21 das Bildarchiv des Folkwang-Verlages in Hagen. Ab 1925 arbeitet er als freier Fotograf in Bad Harzburg. 1928 erscheint sein für die Bewegung der Neuen Sachlichkeit wegweisendes Buch »Die Welt ist schön«. Ende 1929 lässt er sich in Essen nieder, wo er eine Wohnung auf der Margarethenhöhe bezieht. In den folgenden Jahren fertigt er zahlreiche Aufnahmen von Industrie- und Stadtlandschaften. Nachdem 1944 ein großer Teil seines Negativ-Archivs bei einem Bombenangriff zerstört wird, zieht Albert Renger-Patzsch nach Wamel an den Möhnesee und widmet sich vorwiegend der Architektur- und Landschaftsfotografie. Renger-Patzsch, Mitbegründer der fotografischen Bewegung der Neuen Sachlichkeit in Deutschland, verfolgte weniger künstlerische als vielmehr dokumentarische Interessen. Sein analytischer Blick führte zu einer durch Präzision und Klarheit bestimmten Bildästhetik. Formbezogene Serien, knappe Bildausschnitte, präzise Beleuchtung und die Betonung des Strukturellen, Rhythmisierten zählen zu den Charakteristika seiner Arbeiten.

Fotografien zum Thema Krupp, 1954:
Werksaufnahmen; Villa Hügel; Ausstellung »Gewebt – Geformt«, Villa Hügel.

Abbildungsverzeichnis

Zeitgenössische Titel sind in Anführungszeichen gesetzt. Die Informationen zur jeweiligen fotografischen Technik beziehen sich auf die Überlieferungsform im Historischen Archiv Krupp. Die Maße verstehen sich in Zentimeter mit Höhe vor Breite, genannt sind Bildmaße. Alle Signaturen beziehen sich auf den Bestand des Historischen Archivs Krupp.

Umschlag | Ausstellungsstand der Firma Krupp, Hannover Messe, 1961 | Negativ, s/w | F 4 R 77.9

Frontispiz | Informationsstand Hannover Messe, 1962 | Zeitgenössischer Abzug | 16,3 x 24,3 cm | F 35/1962-4

1 | Werksfotograf | Bundeswirtschaftsminister Ludwig Erhard und Berthold Beitz, April 1961 | Zeitgenössischer Abzug | 18,0 x 24,0 cm | F 4 Leit-Nr. 519

2 | Erich Lessing | Werksanlage nach der Demontage, 1962 | Negativ, s/w | F 4 L 374.7 | © Historisches Archiv Krupp / Lessing Photo Archive, Wien

3 | Diaserie »Fried. Krupp Essen«, 1961 | Diapositive, color, Kleinbild | WA 16 v 306

4 | Erich Lessing | From the forge to the high seas. First in a series, 1957 | Klebeumbruch | 35,0 x 35,5 cm | F1/176

5 | Werksfotograf | Der Fotograf Rene Burri bei Krupp, 24.5.1967 | Negativ, s/w | F 4 L 1742.1

6 | Fritz Henle | Im Hüttenwerk Rheinhausen, August 1964 | Zeitgenössischer Abzug | 22, 7 x 20,2 cm | WA 16 v 144 | © Fritz Henle Estate, Virgin Islands USA

7 | Alfons Bobkowski (Krupp) | Schichtwechsel, Maschinen- und Stahlbau, Rheinhausen, 12.11.1964 | Negativ, s/w | F 4 L 908.22

8 | Erich Lessing | Alfried Krupp von Bohlen und Halbach, Berthold Beitz und das Krupp-Direktorium in der Eingangshalle der Villa Hügel, 26.11.1955 (von links nach rechts: Alfried Krupp von Bohlen und Halbach, Friedrich Janssen, Berthold Beitz, Hermann Vaillant, Johannes Schröder, Johann Freiherr von Bellersheim, Hermann Hobrecker, Paul Hansen, Hans Herrmann, Hans Kallen) | Lambda C-Print (2011) | 50,0 x 70,0 cm | WA 16 v 301 | © Lessing Photo Archive, Wien

9 | Werksfotograf | Kleinbau 1 während der Demontage, 25.3.1949 | Zeitgenössischer Abzug | 8,9 x 13,7 cm | WA 16 a 521

10 | Werksfotograf | Alfried Krupp von Bohlen und Halbach und seine Frau Vera besuchen die Hauptverwaltung, 12.3.1953 | Zeitgenössischer Abzug | 10,7 x 15,9 cm | F 27/67.2

11 | Werksfotograf | Eröffnung der Krupp-Konsum-Verkaufsstelle in Essen-Steele, 16.7.1951 | Zeitgenössischer Abzug | 8,2 x 13,0 cm | F 7/2.29

12 | Werksfotograf | Fertigstellung des 100. Krupp-LKWs nach dem Krieg, 1952 | Negativ, s/w, Glas | F 4/421 (9 x 12 cm)

13 | Alfons Bobkowski (Krupp) | Alfried Krupp von Bohlen und Halbach nach seiner Rückkehr aus Indien, 1958 | Diapositiv, color | F 32/556.2

14 | Werksfotograf | Krupp-Stand, Hannover Messe, 1957 | Zeitgenössischer Abzug | 12,0 x 17,0 cm | WA 16 v 23.1.9

15 | Werksfotograf | Empfangshalle in den Krupp-Elektrowerkstätten, 1953 | Zeitgenössischer Abzug | 23,0 x 17,0 cm | WA 16 b 200.2

16 | Werksfotograf | Stenotypisten-Lehrlinge vor der Krupp-Hauptverwaltung, Juni 1961 | Zeitgenössischer Abzug | 18,5 x 14,0 cm | F 35/1961-4

17 | Werksfotograf | Einweihung des Bertha-Schwesternwohnheims beim Krupp-Krankenhaus, 14.7.1958 | Zeitgenössischer Abzug | 13,8 x 10 cm | WA 16 v 21.2.27

18 | Alfons Bobkowski (Krupp) | Blick auf die Krupp-Wohnsiedlungen Alfredshof und Alfredspark, um 1960 | Zeitgenössischer Abzug | 23,7 x 18,0 cm | WA 16 v 67.10

19 | Werksfotograf | Fertigstellung des 100.000. Krupp-Heizkessels, 3.3.1966 | 16,5 x 12,3 cm | WA 16 v 23.8.13

20 | Werksfotograf | Kruppsche Bücherhalle, 25.9.1956 | Negativ, color | F 4/10715 (9 x 12 cm)

21 | Werksfotograf | Kantine in der Lehrwerkstatt, Hüttenwerk Rheinhausen, 13.9.1956 | Negativ, color | F 4/10594 (13 x 18 cm)

22 | Werksfotograf | Jubilare im Privathaus von Alfried Krupp von Bohlen und Halbach, April 1965 | Negativ, s/w | F 4/4980.12

23 | Alfons Bobkowski (Krupp) | Bau von Diesellokomotiven V 60, 19.10.1965 | Zeitgenössischer Abzug | 18 x 24 cm | F 4 Leit-Nr. 1080

24 | Werksfotograf | »Automatische Kantine« in der Lokomotivfabrik, um 1965 | Zeitgenössischer Abzug | 12,4 x 17,7 cm | F 34/26.20

25 | Werksfotograf | Parkplatz vor der Villa Hügel, 19.9.1956 | Zeitgenössischer Abzug | 9,8 x 30,0 cm | WA 16 k 199.221

26 | Rene Burri | Ausstellung »5000 Jahre Ägyptische Kunst« in der Villa Hügel, 1961 | Zeitgenössischer Abzug | 19,5 x 30,0 cm | WA 16 v 113 | © Photo- und Presseagentur Focus, Hamburg

27 | Werksfotograf | König Bhumibol und Königin Sirikit von Thailand zu Gast bei Krupp, 27.7.1960 | Zeitgenössischer Abzug | 9,3 x 13,3 cm | WA 16 v 20.3.63

28 | Rene Burri | Jugendliche im Park der Villa Hügel, 1961 | Zeitgenössischer Abzug | 27,0 x 19,0 cm | WA 16 n 77.24 | © Photo- und Presseagentur Focus, Hamburg

29 | Werksfotograf | Bundespräsident Theodor Heuss und Alfried Krupp von Bohlen und Halbach, 1.6.1959 | Zeitgenössischer Abzug | 13,1 x 17,9 cm | WA 16 v 23.3.55

30 | Werksfotograf | Jubilarehrung im Essener Saalbau, 25.3.1961 | Zeitgenössischer Abzug | 30,2 x 22,7 cm | F 35 Sonderheft 1961

31 | Erich Lessing | Alfried Krupp von Bohlen und Halbach und Berthold Beitz, 1957 | Modern Print (2011) | 14,3 x 21,7 cm | F 43/7 | © Historisches Archiv Krupp / Lessing Photo Archive, Wien

32 | Werksfotograf | Berthold Beitz und der österreichische Vizekanzler Bruno Pittermann, 16.3.1960 | Zeitgenössischer Abzug | 9,7 x 13,8 cm | WA 16 v 23.4.38

33 | Erich Lessing | In der Schmiede, 1961 | Negativ, s/w | F 4 L 108.20 | © Historisches Archiv Krupp / Lessing Photo Archive, Wien

34 | Erich Lessing | In der Schmiede, 1961 | Negativ, s/w | F 4 L 108.1 | © Historisches Archiv Krupp / Lessing Photo Archive, Wien

35 | Rene Burri | E-Lokomotivbau in den Krupp-Maschinenfabriken, 1961 | Zeitgenössischer Abzug | 29,6 x 19,6 cm | WA 16 v 86 | © Photo- und Presseagentur Focus, Hamburg

36 | Rene Burri | Rahmenbau in den Krupp-Maschinenfabriken, 1961 | Zeitgenössischer Abzug | 19,6 x 29,7 cm | WA 16 v 82 | © Photo- und Presseagentur Focus, Hamburg

37 | Erich Lessing | Schiffswerft AG »Weser«, 1961 | Negativ, s/w | F 4 L 115.1.9 | © Historisches Archiv Krupp / Lessing Photo Archive, Wien

38 | Erich Lessing | Montage einer Schiffsschraube, AG »Weser«, 1961 | Negativ, s/w | F 4 L 116.2.9 | © Historisches Archiv Krupp / Lessing Photo Archive, Wien

39 | Fritz Fenzl | Stabbogenbrücke, Duisburg-Rheinhausen, 1960 | Zeitgenössischer Abzug | 18,0 x 23,5 cm | WA 16 v 65.27 | © Anita Steppich-Fenzl, München

40 | Albert Renger-Patzsch | Krupp-LKW, Detail, um 1953 | Modern Print (2013) | WA 16 v 371 | © Archiv Ann und Jürgen Wilde, Zülpich / VG Bild-Kunst, Bonn

41 | Fritz Henle | In der Gießerei am Kupolofen, August 1964 | Zeitgenössischer Abzug | 20,1 x 20,5 cm | WA 16 v 141 | © Fritz Henle Estate, Virgin Islands USA

42 | Fritz Henle | Kokillenguss, 1966 | Diapositiv, color | F 32/338.1 | © Fritz Henle Estate, Virgin Islands USA

43 | Fritz Henle | Hüttenwerk Rheinhausen, 1964 | Zeitgenössischer Abzug | 15,6 x 25,0 cm | WA 16 v 146 | © Fritz Henle Estate, Virgin Islands USA

44 | Fritz Henle | Schiffswerft AG »Weser«, 1964 | Zeitgenössischer Abzug | 20,0 x 20,5 cm | WA 16 v 165 | © Fritz Henle Estate, Virgin Islands USA

45 | Robert Lebeck | Ferritmessraum in der Widia-Versuchsanstalt, 1965 | Zeitgenössischer Abzug | 19,3 x 28,8 cm | WA 16 v 203 | © Picture Press, Hamburg

46 | Robert Lebeck | Bestimmung von Gasen in Metallen in der Widia-Versuchsanstalt, 1965 | Zeitgenössischer Abzug | 19,1 x 28,8 cm | WA 16 v 206 | © Picture Press, Hamburg

47 | Alfons Bobkowski (Krupp) | Feierabend bei Familie Keller; aus der Bildserie »Ein Tag im Leben von ...«, 1960 | Zeitgenössischer Abzug | 18,8 x 29,0 cm | F 4 Leit-Nr. 2453

48 | Alfons Bobkowski (Krupp) | Ingenieure und Facharbeiter aus Indien bei Krupp, 1961 | Zeitgenössischer Abzug | 15,7 x 24,3 cm | F 4 Leit-Nr. 1.674

49 | Hilmar Pabel | In der Lehrwerkstatt, 1965 | Zeitgenössischer Abzug | 19,3 x 28,3 cm | WA 16 v 260 | © Romy Schurhammer, Frasdorf

50 | Erich Lessing | Betriebsversammlung in den Krupp-Maschinenfabriken, 5.5.1964 | Diapositiv, color | F 32/525.1 | © Historisches Archiv Krupp / Lessing Photo Archive, Wien

Bildnachweis

© Rene Burri / Photo- und Presseagentur GmbH Focus, Hamburg
© Fritz Henle / Fritz Henle Estate, Virgin Islands USA
© Robert Lebeck / Picture Press, Hamburg
© Erich Lessing / Lessing Photo Archive, Wien
© Hilmar Pabel / Romy Schurhammer, Frasdorf
© Albert Renger-Patzsch / Archiv Ann und Jürgen Wilde, Zülpich / VG Bild-Kunst, Bonn
© Fritz Fenzl / Anita Steppich-Fenzl, München

Alle übrigen Bildrechte, soweit nicht anders angegeben © Alfried Krupp von Bohlen und Halbach-Stiftung / Historisches Archiv Krupp

Herausgeber und Verlag haben sich intensiv bemüht, alle Rechteinhaber der Abbildungen zu recherchieren. Berechtigte Ansprüche nicht ermittelter Rechteinhaber werden selbstverständlich im Rahmen der üblichen Vereinbarungen abgegolten.

Autoren

Mag. Manuela Fellner-Feldhaus, Historikerin, Mitarbeiterin des Historischen Archivs Krupp, Essen

Dr. Ute Kleinmann, Kunsthistorikerin, Mitarbeiterin der Kulturstiftung Ruhr, Essen

Uwe Niggemeier, freier Fotograf und Mitarbeiter von Industriemuseen im Ruhrgebiet

Dipl.-Ing. Klaus Pollmeier, Fotoingenieur und Dozent für Fotografie an der Hochschule Anhalt, Dessau

Dr. Sigrid Schneider, Kommunikationswissenschaftlerin, bis 2012 Leiterin des Fotoarchivs im Ruhr Museum, Essen

Prof. Dr. Ralf Stremmel, Historiker, Leiter des Historischen Archivs Krupp, Essen

Impressum

Bibliografische Information der Deutschen Bibliothek

Die Deutsche Bibliothek verzeichnet diese Publikation in der Deutschen Nationalbibliografie; detaillierte bibliografische Daten sind im Internet über http://www.dnb.de abrufbar.

Herausgeber
Alfried Krupp von Bohlen und Halbach-Stiftung

Konzeption und Redaktion
Manuela Fellner-Feldhaus
Ute Kleinmann
Ralf Stremmel

Gestaltung
Hans Neudecker, Visuelle Kommunikation, Leutkirch

Reproduktionen
Klaus Pollmeier, Mülheim a. d. Ruhr

Druck und Bindung
Werbedruck GmbH Horst Schreckhase, Spangenberg

1. Auflage Juli 2014
© Klartext Verlag, Essen 2014
ISBN 978-3-8375-1221-2

Alle Rechte der Verbreitung, einschließlich der Bearbeitung für Film, Funk, Fernsehen, CD-ROM, der Übersetzung, Fotokopie und des auszugsweisen Nachdrucks und Gebrauchs im In- und Ausland sind geschützt.
 Die Publikation erscheint anlässlich der Ausstellung »Wirtschaft! Wunder! Krupp in der Fotografie 1949 - 1967« in der Villa Hügel, Essen (5. Juli bis 23. November 2014)